髙島屋のしきたり事典

老舗百貨店の門外不出「贈答・おつきあい」教本

髙島屋

小学館

はじめに

高島屋では、日々、いろいろなお客様から「特別な方に差し上げるので…」や「こういう場合はどうしたらいいかしら?」とご相談を承ります。やはり、お祝いやお悔やみ、感謝などの気持ちを「贈り物」という形でお伝えしようとするとき、品選び、贈るタイミング、のし紙、表書き…というご贈答のしきたりやマナーを気にされる方が多くいらっしゃるのです。

そのようなお客様からのご相談に、きちんとした知識をもったうえでお応えできるようにと、従業員は日々研鑽《けんさん》しております。

そうした積み重ね、検証してきた知識や地域の風習は、各店が独自の資料としてまとめ、売場に常備していたのですが、2012年に、高島屋の全従業員が身につけておきたいものとして、『高島屋のしきたり』という1冊の本にまとめました。これは、社内だけに存在する、いわゆる販売員のためのマニュアルです。

国内の高島屋の所在地周辺のしきたりをできるかぎり織り込んで制作しましたが、しきたり事や風習(慣習)は各地・各家の伝統やならわしによっても異なります。販売員は、ここに記されている「しきたりやルール」をベースに、お客様ひとりひとりのご要望・ご事情をお伺いしながら接客しております。

さて、このたび、そのしきたり本を、一般書として上梓《じょうし》する機会に恵まれました。

しきたりは、年々簡素化の傾向にありますが、正しいしきたりや地域の風習を知ることが、お客様への適切なアドバイスにつながります。

それが、私たち〝百貨店の文化〟を継承する者の使命でもあります。

従業員向け『髙島屋のしきたり』の冒頭に、「悩んだとき、確認したいとき、各売場の〝しきたり羅針盤〟として本冊子を活用してください」という一文を入れました。

本書を手にしてくださった皆様方に活用いただければ幸いです。

2015年3月吉日

株式会社 髙島屋

目次

第4章 そのほかのお祝い事やおつきあい

第5章 弔事の基礎知識と心遣い

仏式

神式

今さら
聞けない？

誰に聞いたら
いいかわからない？

こんな疑問に
髙島屋がお答えします！

人生の節目の
お祝い事の？

出産祝いって、
いつまでに
贈るべき？

22ページ

お七夜《しちや》って、
なんのことですか？

24ページ

卒業祝いと
入学祝い、
両方贈るもの
なのでしょうか？

37ページ

お宮参りの日にちは、
男の子と女の子では
違うの？

↓
26ページ

1歳の誕生日に
餅を背負う
しきたりがあるって、
本当？

↓
33ページ

還暦のお祝いは
数え年で
するものですか？

↓
43ページ

叔父から
「厄年だから」と正月に
招待されたのですが、
どういうこと？

↓
41ページ

結婚にまつわる？

仲人と媒《ばい》酌《しゃく》人《にん》はどう違う？

↓
96ページ

叔父夫婦への引出物は、まとめてひとつで大丈夫？

↓
113ページ

結納品が、関東と関西では違うと聞きましたが…？

↓
104ページ

結婚祝いと出産祝いをまとめていただいたときのお返しは一緒でよい？

↓
115ページ

「おため」って、なんですか？

↓
117ページ

招待状に「準礼装で」とありましたが、何を着ていけばいい？

↓
130ページ

結婚式の後、嫁ぎ先を訪れる際のお土産はどうしたら？

↓
121ページ

会社の部下への結婚祝いの相場はどれくらいでしょう？

↓
246ページ

お葬式にまつわる？

関西では、黒白以外の香典袋があると聞きましたが……？

↓171ページ

香典袋の［御霊前］と［御仏前］はどう使い分ける？

↓180ページ

「満中陰志」って、どう読むの？

↓184ページ

お坊さんへのお礼は、いつ渡せばいいのでしょうか？

↓173ページ

神式でも数珠《じゅず》を持って行くの？

↓191ページ

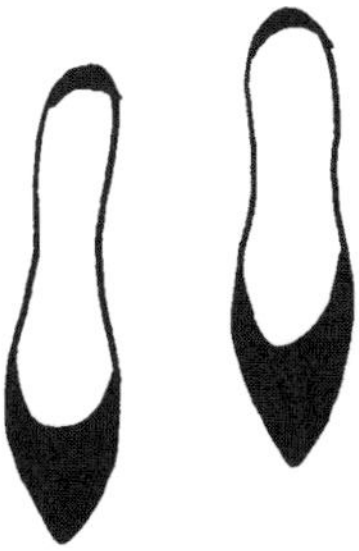

神式のお葬式に
持参するのも
お香典なのですか？

↓
192
ページ

キリスト教の
お葬式には香典が
必要ないって、本当？

↓
201
ページ

香典返しを当日返しに
したのですが、
高額をいただいた場合は
どうしたら？

↓
185
ページ

喪中はがきで
知人の不幸を知ったとき、
お悔やみはどうしたら
よいでしょう？

↓
211
ページ

季節のならわしにまつわる？

お正月の門松や鏡餅はいつまでに飾るもの？

↓48ページ

お中元のお返しはどうしたらよいのでしょう？

↓70ページ

雛《ひな》人形はどちらを右に飾ればいいの？

↓58ページ

孫が男の子ふたりです。次男にも兜《かぶと》を贈ってよいのでしょうか？

↓64ページ

先方が喪中の場合、お歳暮は贈らないほうがよいのですか？

↓81ページ

おつきあいにまつわる？

上司の家を訪問するときの手土産に「粗品」は失礼なのでは？

136ページ

栄転なのか、ただの転勤なのかわからないときの表書きはどうしたら？

139ページ

新築祝いのお返しはいくらくらいのものにしたらよいでしょう？

148ページ

定年のお祝いをいただきました。お返しはどうすべき？

141ページ

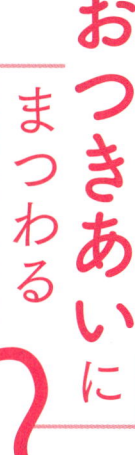

お見舞い・お詫びにまつわる？

災害見舞いは
どんな体裁で差し上げたら
よいのですか？

219ページ

お詫びの品を
持参するときに、
のし紙をかけて
いいのでしょうか？

223ページ

全快せずに
退院したときも、
お見舞いのお返しは
すべき？

215ページ

病気見舞いを
いただいた家族が
亡くなりました。
お返しはどうしたら？

218ページ

贈り物の基本にまつわる？

のしをつけるときと、つけないときの違いは何？

↓ 231ページ

表書きが四文字になるのは縁起が悪いと聞いたけれど…

↓ 234ページ

不祝儀では、お金を裏返して入れるんですよね？

↓ 236ページ

「お返し」と「内祝い」の違いは？

↓ 241ページ

お返しは必ずしなければいけませんか？

↓ 242ページ

本書について

○贈り物や冠婚葬祭、季節の行事に関するしきたりやマナー、ルール、呼び方は、地域や慣習、宗教、宗派によって違う場合もあります。

○本書では、『高島屋のしきたり（ご進物マニュアル）』をもとに、関東地方をベースにした一般的な例を紹介しています。
関東以外の地域に関しては、国内の高島屋17店舗の情報をもとに、●●地方などとしてまとめています。

○19ページからは、それぞれの項目についての説明と、贈答のマナーやしきたりについてシチュエーション別にご紹介しています。

○贈り物の体裁ほか贈答の基本的な知識については、225ページ以降で詳しく解説しています。

○お祝い金や香典などの金封は、祝儀・不祝儀袋に包みます。いくら包むかは、相手との関係性や地域のしきたり、状況によって変わりますが、246ページに一部、簡単な目安を紹介しました。参考にしてください。

○20ページからの表では、一部、代表的なのし紙や掛紙、祝儀・不祝儀袋の例もご紹介していますので、参考にしてください。

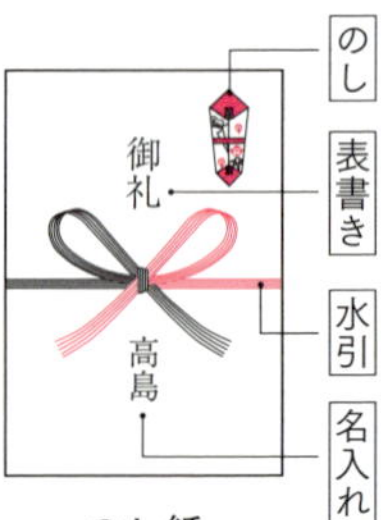

のし紙

・「名入れ」は、特に注意書きがない場合は、「姓のみ」記します。
・「表書き」が複数ある場合は、どれを使用してもかまいません。一般によく使われるものから順に記してあります。
・「表書き」が4文字以上のものの場合、文字に大小をつけることもあります。基本的な書き方は233〜235ページで説明しています。
・「無地のし」とは、表書きをしない紅白5本蝶結びののし紙のことです。
・「白無地袋」とは、のしも水引もついていない、上質の和紙でできた袋のことです。

第1章

人生の節目の贈り物

帯《おび》祝《いわ》い

帯祝いは、妊娠してから初めてのお祝い事です。犬は多産でお産が軽いとされていることにあやかり、妊娠5か月目の戌《いぬ》の日に妊婦のお腹に帯を巻いて安産を願います。

この帯は「岩田帯《いわたおび》」といい、紅白の絹地二筋、白のさらし木綿一筋を奉書に包み、紅白の水引をかけて清酒や鰹節とともに妊婦の実家から贈ります。現代では白いさらし木綿一反がケースに入ったものを贈る場合もあります。

岩田帯はお腹を保温、保護するとともに、胎児の発育を助けるといわれ、穢《けが》れや災いから身を守る「斎肌帯《いはだおび》」が語源です。岩田帯よりもガードルや伸縮性のある腹帯を使う方も増えてきました。

シチュエーション

妊娠した娘に岩田帯を贈る

表書き

岩田帯・祝い帯・祝の帯・祝之帯・寿・祝帯掛

のし、水引

のしあり
紅白5本蝶結び

アドバイス

一般的に岩田帯は妻の実家から、清酒や鰹節などを添えて贈る。仲人や近しい親戚が贈る場合もある。岩田帯のかわりにガードルタイプやコルセ

仲人や親戚が岩田帯を贈る	御《おん》帯《おび》祝《いわい》・御祝・帯《おび》掛《かけ》之《の》御祝《おいわい》		ットタイプの帯の場合も。また、帯祝いではなく【懐妊御祝】として、この時期にお祝いを贈ることもある。
仲人や親戚がお祝いを贈る	御帯祝・帯掛之御祝・寿	＊あらたまって品物を贈る場合は奉書、または杉紙をかけ、のしをつけ、紅白の水引（蝶結び）を	岩田帯以外を贈るときは、万が一の心配りから、赤ちゃん用品は避けたほうが賢明
お返し	内祝・寿・帯掛之内祝		＊親しい間柄でのやりとりなので、相手の好みのものでかまわない ＊ただし、帯祝いに招いた方からお祝いをいただいたときは不要とされている ＊岐阜 表書きを【帯祝】として妊婦の実家から鏡餅（紅白の砂糖餅）を配る
病院や産院で帯を巻いてもらったときのお礼	内祝・御礼・帯掛内祝		菓子折りなど

出《しゅっ》産《さん》祝《いわ》い

赤ちゃんの誕生を共に喜び、大役を終えた母親をねぎらい、お祝いします。出産の知らせを受けたら、退院以降の命名日（お七夜《しちや》）からお宮参り当日（生後約1か月）までを目安にお祝いを贈ります。

シチュエーション

出産祝いを贈る

表書き

御出産御祝・祝 御出産・御安産御祝・御出産之御祝・御出産之祝・御出産祝・祝 御安産・御誕生祝福

のし、水引

のしあり
紅白5本蝶結び

アドバイス

重複することもあるので、いくつあってもよい肌着やおむつなどが喜ばれる。洋服は1～2年後に着られるものを贈っても。そのほかに銀のスプーン・記念品として赤ちゃんの名前、生年月日、生まれたときの体重、身長を刺繍したタオル・名前や誕生日を彫ったフォトフレームなど。また、がんばったお母さんに贈り物をしても

実家から祝いの産着を贈る	御《おん》産《うぶ》着《ぎ》・御《おん》産《うぶ》衣《ぎ》		ベビー服
お返し	内祝・出産内祝・出産之内祝 ＊名入れは子供の名前のみにし、ふりがなをつける。短冊（命名紙）をつける場合は、掛紙には姓、短冊には名を書く	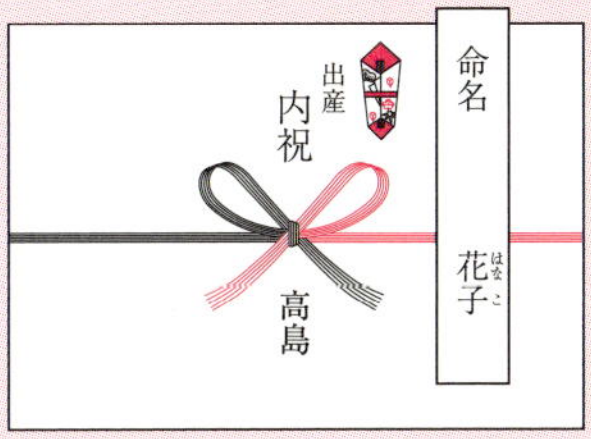	いただいたお祝いの半額程度が一般的。家庭用品・紅茶・コーヒーなど。写真を同封して赤ちゃんの元気な姿を報告するのもよい ＊出産後、1か月経ったお宮参りの頃に贈る ＊和歌山文字を朱書きにした命名紙をつける ＊京都ベビーカード（命名カード）をつける
退院のときの医師や看護師へのお礼	御礼・謝礼	のしあり 紅白5本蝶結び または無地のし	菓子折りなど

Q&A

Q 流産したときに、お見舞いをいただきました。お返しはどのような体裁でするものですか？

A 関東では奉書、関西では杉紙をかけ、のしなし、水引なし、表書きは【御礼】として贈ります。

お七夜《しちや》（命名式《めいめいしき》）

赤ちゃんが生まれた日から数えて七日目のお祝いで、新生児が産土神《うぶすながみ》の加護のもとから離れるときと考えられており、「産養い《うぶやしない》」ともいいます。この日に命名するのがしきたりです。

命名書は、父親か祖父が奉書、または半紙の中央に書き、神棚の下や床の間、鴨居の下、壁などに貼ります。
産婦の床上げが済んだらはずし、へその緒や誕生日の新聞と一緒に神棚か仏壇、たんすなどにしまって子供が成長するまで保存します。

命名 太郎
平成○年○月○日生

シチュエーション	表書き	のし、水引	アドバイス
命名を祝って贈り物をする	祝 お七夜・孫祝い・御七夜御祝・お七夜おめでとう・産婦御見舞 *【祝 お七夜】の場合は「祝」の字を大きく書く	のしあり 紅白5本蝶結び *あらたまって品物を贈る場合は奉書、または杉紙をかけ、のしをつけ、紅白の水引(蝶結び)を	妻の実家から贈るのが一般的。生花・ケーキ・お菓子・果物・ぬいぐるみ・おもちゃ・紅白ワイン・日本酒
お七夜に招かれたときのお祝い	酒《しゅ》肴料《こうりょう》・寿	のしあり 紅白5本蝶結び	祝い膳の酒肴料として金封を贈る
名付け親へのお礼	命名之御礼・命名御礼		

*お返しは基本的には不要です。祝宴に招き、もてなすことでお返しとします。

お宮《みや》参《まい》り

生後初めて氏神様《うじがみさま》に参拝する儀式です。もとは「産土神参り《うぶすながみ》」といって、氏神様に氏《うじ》子《こ》のひとりになったことを報告する儀式として始まったもので、赤ちゃんが健やかに成長するようにお祈りします。赤ちゃんを父方の祖母が抱いて参拝するのは、古くはお産を穢《けが》れたものと考えていたためであり、お宮参りは母親の忌《い》み明けの儀式も兼ねていました。

◯お宮《みや》参《まい》りの日《ひ》

地方によって時期が異なりますが、男の子は生後31日目、女の子は生後32日目に行うことが多いようです。また、生後50日から100日というところもあります。生後1か月の赤ちゃんや母親の体調を考えて、天候のよい日にお参りしたほうがよいでしょう。

関西地方男の子は生後30日目、女の子は31日目に行います。

○お参《まい》りする神社《じんじゃ》

本来、子供がこれから住む地域の氏神様に参ります。希望する神社があればそちらでもかまいません。社務所に申し出れば、神社でお祓《はら》いを受け、祝詞《のりと》をあげてもらえます。

○お祝《いわ》い着《ぎ》

和装の場合は、赤ちゃんに無地一つ身の着物を着せ、その上に妻の実家から贈られた祝い着をかけます。祝い着は、男の子は羽二重《はぶたえ》の五つ紋付で、鷹や兜《かぶと》などのおめでたい模様、女の子ならば綸子《りんず》地や縮緬《ちりめん》地で花などの模様があり、その付けひもを、赤ちゃんを抱いた人の背中で結び、ひもにお守り袋を提げます。

お宮参りの後、内祝いを持参して挨拶に来た赤ちゃんに、魔除けのお守りの意味を込めて、でんでん太鼓や犬張子を祝い着に結んであげることもあります。

関西地方お宮参りの晴れ着にご祝儀袋をつける「おひも銭《せん》」の習慣が現在も残っているところがあります。もともとは氏子の仲間入りを祝い、集落の人々がご祝儀をつけて祝ったことに始まります。赤ちゃんが初めてもらうお小遣いです。

シチュエーション	表書き	のし、水引	アドバイス
お宮参りのお祝い（お金）を贈る	祝 御宮参り・御祝 関西地方 ひも銭・おひも銭	のしあり 紅白5本蝶結び	お宮参りは内輪の祝い事なので、あらためてお祝いを贈ることは少なくなっている
お返し	御宮参り内祝 ＊名入れは子供の名前のみ		基本的にお返しは不要だが、赤飯や菓子折りなどを贈ってもよい
お宮参りをした神社へのお礼	○お祓いの謝礼：御初《おはつ》穂料《ほりょう》 ○お供え：御《おん》玉串料《たまぐしりょう》 ○お祓いの謝礼やお供え：幣帛料《へいはくりょう》 ＊名入れは子供の姓名に	のしあり 紅白5本蝶結び ＊白無地袋でもよい	初穂料などは社務所に表示されているケースが多い

関西地方 大阪府の泉北《せんぼく》ではお宮参りの後、近所の小学校入学までの子供のいる家に、「これから仲良くしてください」という気持ちを込めて【仲間入り】の表書きで5百～千円程度のお菓子を配ります。

お食《く》い初《ぞ》め（箸《はし》初《はじ》め・箸《はし》揃《ぞろ》え）

「この子が一生食べるものに困らないように」という願いを込めて、生まれてから100日目か、地方によっては110日目または120日目に、赤ちゃんに初めてご飯を食べさせる儀式です。祝い膳は、小さなご飯茶碗、お椀、箸などの新品一式をお膳に並べ、赤飯に尾頭つきの鯛という献立を用意し、近親者で長寿の方か祖父母が「養い親」となって、赤ちゃんに食べさせるまねをします。

関西地方 この日に「歯固めの儀式」を兼ね、小石を用意して赤ちゃんの唇にあてます。

シチュエーション	表書き	のし、水引	アドバイス
お食い初めのお祝い（お金）を贈る	御食初《おくいぞめ》御祝・箸初め御祝・御初膳《おはつぜん》御祝・祝 御食初	のしあり 紅白5本蝶結び ＊あらたまって品物を贈る場合は奉書、または杉紙をかけ、のしをつけ、紅白の水引（蝶結び）を	お食い初め膳一式は妻の実家から贈るのがならわし。男児は朱塗り、女児は外側が黒塗りで内側が朱塗りの椀を用いる。その後も使いやすいベビー食器セットを贈る場合も
お返し	内祝 ＊名入れは子供の名前のみ		基本的にお返しは不要だが、赤飯や菓子折りを贈っても

初《はつ》正《しょう》月《がつ》

生まれて初めて迎える正月を祝い、男の子には破魔弓《はまゆみ》、女の子には羽子板《はごいた》を贈ります。

○破《は》魔《ま》弓《ゆみ》

破魔弓は元来、魔除け、年初の占いの神占《しんせん》・年占《としうら》の意味で、神社などではかなり古くから用いられていました。江戸時代には、四方の魔を追い払い、男の子が健やかに雄々しく育つようにとの願いが込められた縁起物として、武家や一般町民の間で初正月のお祝いにこれを飾る習慣が生まれ、全国に広がりました。

○羽《は》子《ご》板《いた》

羽子板は平安・室町時代の頃は、宮中の遊具でしたが、江戸時代の後期から押絵を用いて歌舞伎役者の姿を取り付けるようになると、一段と華麗さを増し、庶民の人気を集めるようになりました。

正月に羽子板を飾ったり、女の子の初正月に羽子板を贈ったりする風習には、もろもろの邪気をはね（羽根）のけて健やかに育つようにとの願いが込められています。

シチュエーション

初正月のお祝いを贈る

表書き

初正月御祝・御祝

のし、水引

のしあり
紅白5本蝶結び

アドバイス

○男の子：破魔弓・破魔矢・天神人形
○女の子：羽子板・手まり・人形

＊お返しは不要です。

初《はつ》節《ぜっ》句《く》

生まれて初めて迎える節句を「初節句」といい、男の子は5月5日の「端午《たんご》の節句」（詳しくは63ページ）、女の子は3月3日の「上巳《じょうし（じょうみ）》の節句」（詳しくは57ページ）に盛大にお祝いをします。

初《はつ》誕《たん》生《じょう》日《び》

赤ちゃんの1歳の誕生日のことを「初誕生」または「初誕生日」といいます。日本では昔から、誕生日ごとではなく、お正月を越すごとにひとつ年をとるという「数え年」に基づいてお祝いしていました。そのため、近代までは、誕生日を祝うという習慣はありませんでしたが、現在では、赤ちゃんが誕生後に初めて迎える1歳の誕生日を特別に祝い、

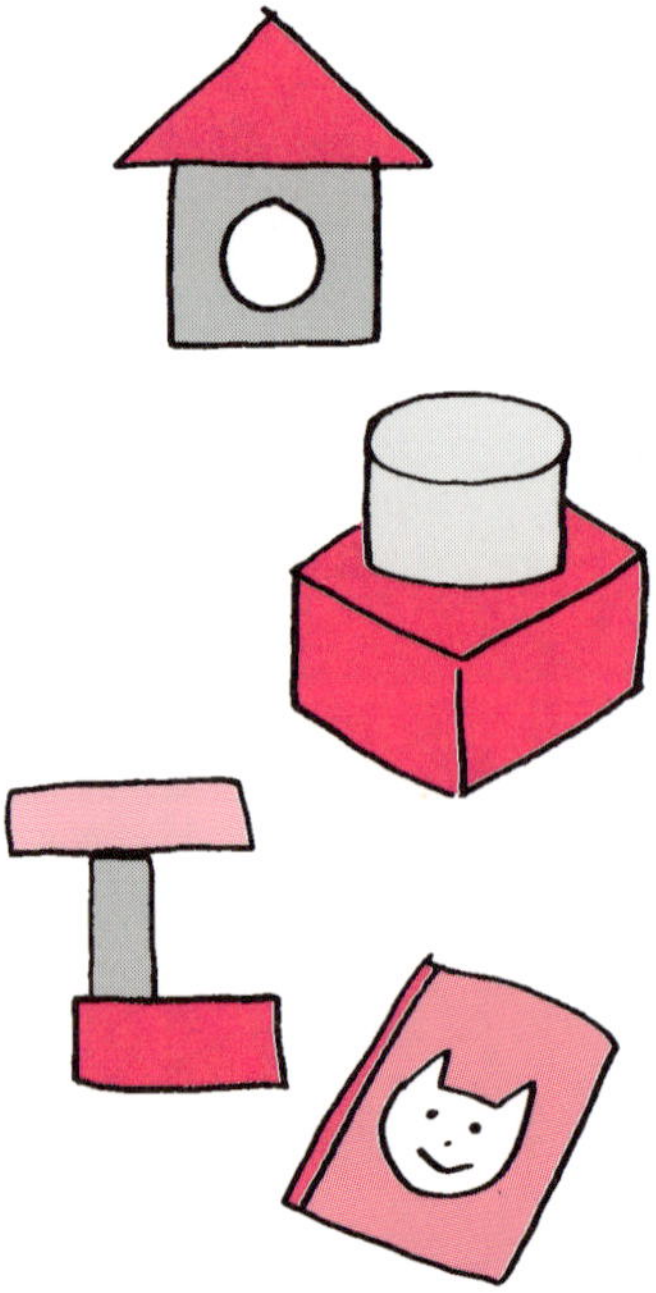

健康で力強く育つように祈ります。

初誕生日の祝い方は地方によってさまざまです。「寿」や子供の名前を書いた、「立ち餅」「力餅」などと呼ばれる一升餅を風呂敷や餅袋などで背負わせて歩かせたり、足で踏ませたりするところもあります。

シチュエーション	表書き	のし、水引	アドバイス
1歳の誕生日をお祝いする	祝 初誕生日・初誕生日御祝	のしあり 紅白5本蝶結び	洋服や靴を贈るときは、少し大きめのサイズを選ぶと喜ばれる。ほかに、ベビーサークル・絵本・積み木・アルバム・音楽のCD・記念金貨・誕生石など
お返し	内祝・初誕生日内祝 ＊名入れは子供の名前のみ		赤飯や菓子折りなど。遠方の方へはタオル、日もちのする食品など

＊誕生後、お七夜やお宮参り、お食い初め、初誕生日の行事に間に合わなかったときは、【祝 ご成長】として、お祝い（お金）を贈ります。

七《しち》五《ご》三《さん》

11月15日に3歳の男の子・女の子、5歳の男の子、7歳の女の子を連れて氏神様《うじがみさま》に参拝し、悪霊を祓《はら》い、子供の成長を感謝し、将来の幸せを祈る行事です。将軍徳川綱吉《つなよし》の子、徳松《とくまつ》の3歳の祝いがこの日に行われたことから11月15日になりました。

童子《どうじ》が初めて帯を締める儀式（帯直《おびなお》しの祝）から発生したもので、3歳は「髪置《かみお》きの儀」、5歳は「袴着《はかまぎ》の儀」、7歳は「帯直しの儀」「帯解《おびと》きの儀」といわれています。本来は数え年でお祝いするものですが、現在は、満年齢でもよいとされています。喪中が気になる場合は、数え年ではなく、満年齢の翌年に行っても。

関東地方、愛媛、岐阜の一部地域3歳は女の子のみお祝いするのが一般的です。

山陰地方七五三のことを「紐落《ひもおと》し」と呼び、男女とも満3歳にお祝いします。7歳で着物についている紐をやめ、初めて本式の帯を締める「紐落しの儀」を行ったのが事の起こりです。

シチュエーション	表書き	のし、水引	アドバイス
七五三のお祝いを贈る	御祝・七五三御祝 ○3歳：御《おん》髪《かみ》置《おき》御《お》祝《いわい》・祝 御髪置・賀《が》髪《かみ》置《おき》御《お》祝《いわい》 山陰地方 紐落し御祝 ○5歳：御《おん》袴《はかま》着《ぎ》（儀《ぎ》）御《お》祝《いわい》・祝 御袴着 ○7歳：御《おん》帯《おび》解《とき》御《お》祝《いわい》・祝 御帯解	のしあり 紅白5本蝶結び 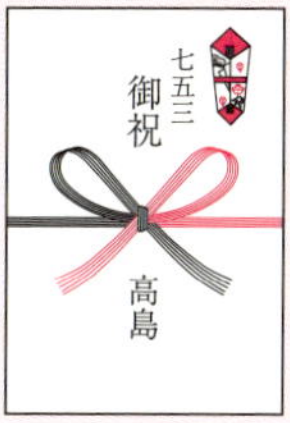 	ご両親に相談して、七五三の参拝時の服装に必要なものや子供の喜びそうなものを贈るほか、図書カード・靴・バッグ・ゲーム・身の回りの品など
神社へのお礼	御《おん》初《はつ》穂《ほ》料《りょう》・御《おん》玉《たま》串《ぐし》料《りょう》・御《ご》祈《き》禱《とう》料《りょう》 ＊子供の名前と年齢を書く	のしあり 紅白5本蝶結び ＊白無地袋でもよい	初穂料などは社務所に表示されているケースが多い
お返し	七五三内祝 ＊子供の名前と年齢を書く場合もある	のしあり 紅白5本蝶結び	お返しは基本的に不要だが、千歳飴・赤飯・紅白まんじゅうや祝い菓子などを贈っても

十《じゅう》三《さん》参《まい》（詣《まい》）り

主に、京都、大阪の一部で行われる行事です。

昔の成人式の名残で、男女とも数え年で13歳になったのを記念して、旧暦の3月13日（現在では4月13日）に行うものです。知恵と慈悲の虚空蔵菩薩《こくうぞうぼさつ》（京都市・法輪寺《ほうりんじ》）にお参りをして、知恵を授けていただく風習で「知恵もらい」ともいわれます。この日を境に、四つ身仕立ての子供用の着物から、本裁ちの長いたもとの着物に替えます。

近親者や肉親だけのお祝いのため、特に贈り物やお返しの必要はありません。

シチュエーション	表書き	のし、水引	アドバイス
十三参りのお祝い（お金）を贈る	祝十三参（詣）り・十三参り御祝・十三詣御祝	のしあり 紅白5本蝶結び	
お寺へのお礼	御香料・御法禮《ごほうれい》・御礼	のしなし 紅白5本蝶結び ＊白無地袋でもよい	

＊お返しは不要です。

入《にゅう》園《えん》・入《にゅう》学《がく》・進《しん》学《がく》

子供にとって入園・入学は、社会生活への第一歩。祝福して激励し、新しい友達との出会いの大切さを教え、希望に胸躍らせる本人の気持ちを高めてあげましょう。

お祝いは、入園・入学式を迎える1か月前までに贈るのが目安です。何かと物入りの時期なので、実質的なものが喜ばれます。卒業と重なる場合は、入学・進学のほうにお祝いの重きを置いて、卒業祝いを省略するのが一般的です。

お祝いのお礼は、本人からの言葉（手紙や電話）が喜ばれます。

シチュエーション

入園・入学をお祝いする

表書き

御入園御祝・御入学御祝・ご入園おめでとう・祝 御入学

のし、水引

のしあり
紅白5本蝶結び

アドバイス

両親や祖父母、ごく近しい親戚からはランドセル・学習机・通学服・入学式用の服など。それ以外の方が贈る場合は、絵本・ハンカチ・靴下・クレヨン・鉛筆など

小・中・高の進学をお祝いする	御進学御祝・祝 御進学	のしあり 紅白5本蝶結び	腕時計・万年筆・辞書・図書カード・財布・ベルト・靴・トレーナーなど
合格祝いをする	合格御祝		
お返し	内祝・御礼・入学内祝 *名入れは子供の名前のみ		基本的に不要だが、半額程度のお返しをしても

*入試に失敗した人に対するお見舞いは差し控えたほうが無難です。親しい間柄では激励の気持ちを込めた表書きで贈ります。

卒《そつ》業《ぎょう》・就《しゅう》職《しょく》

卒業祝いは、新しい世界に足を踏み入れることを祝し、励ましの気持ちを込めた贈り物をします。就職祝いは、内定通知を受けたことを確認してから贈りましょう。

シチュエーション	表書き	のし、水引	アドバイス
卒業をお祝いする	御卒業御祝・祝 御卒業・ご卒業おめでとう	のしあり 紅白5本蝶結び 	卒業してから就職する3月末までに贈るようにする ○男性：ネクタイ・ベルト・シェーバー・財布・万年筆 ○女性：ハンドバッグ・アクセサリー・スカーフ
就職をお祝いする	御就職御祝・ご就職おめでとう		
お返し	内祝・御礼・就職内祝 ＊名入れは子供の名前のみ		お返しは不要とされているが、就職の場合は、本人が初月給の中から少額でもお礼をするのが望ましい

成《せい》人《じん》式《しき》

昔は男子が15歳の頃、童髪《わらわがみ》をあらため、髪の元結《もとゆい》を締めて冠をかぶり、大人の服を身につける「元服《げんぷく》烏帽子《えぼし》祝《いわい》」という儀式を、女子は13歳頃、髪を初めて結い上げ、かんざしを飾る「髪上げ」の儀式を行いました。冠婚葬祭の「冠」とは本来は元服のことで、現在では成人式をさします。1月15日が「成人の日」として一般化され、満年齢の20歳で成人になったことをお祝いするようになったのは戦後になってからのこと。2000年より、成人の日は1月の第2月曜日に制定されています。

シチュエーション	表書き	のし、水引	アドバイス
成人式をお祝いする	成人式御祝・御成人御祝・御祝・祝 御成人・成人おめでとう	のしあり 紅白5本蝶結び	大人にふさわしい上質な品を ○男性：ネクタイ・ワイシャツ・ベルト・腕時計 ○女性：アクセサリー・スカーフ・ハンドバッグ・スーツ
お返し	内祝・御礼・成人内祝 ＊名入れは子供の名前のみ		基本的にお返しは不要。本人がご挨拶に伺う

厄《やく》除《よ》け

数え年で男性が25歳、42歳、61歳、女性が19歳、33歳、37歳を、厄難に遭遇する恐れが多い年として「厄年」といい、「厄除け」を行います。

なかでも男性の42歳と女性の33歳は「大厄《たいやく》」とされ、身を慎む習慣があります。その前後の年は「前厄《まえやく》」「後厄《あとやく》」といい、男女ともちょうど社会的、肉体的に一種の転機を迎える年頃にあたることから、健康に留意したり、「厄払い」「厄落とし」といった行事をする場合が多くみられます。

厄払いの行事は地方によってかなり違いがあります。都会では、厄年を迎えた人が厄除けの神社や寺にお参りする程度ですが、厄を何かと一緒に落とすという考えで、櫛《くし》や手ぬぐいなど身の回り品を落とすところや、節分の日に餅や豆をまくことで厄を撒《ま》いたりする習慣もあります。

また、厄年の人が正月に親類や隣人を招き、酒肴《しゅこう》でもてなすこともあって、招待された人は、金封を持参するか、蛇が化身であるといわれる恵比寿様、大黒様にあやかるということから、長いものやうろこ模様のものなど、蛇を連想するものを贈ったりします。古来、厄を祓《はら》い、幸をもたらすとされる七色のものも、贈り物の好適品です。

関西以西　厄を撒いて厄を落とすという考えから、前厄の年にぜんざいをふるまうという習慣が残っています（現在では小豆の小袋や実用品のタオルなどを配ります）。これは、厄に向かう本人を周囲の人に支えてもらうという意味があります。

シチュエーション	表書き	のし、水引	アドバイス
厄年の人に贈り物をする	厄除け祈願・厄払い祈念 ＊お祓《はら》い済みの御札《おふだ》を添える	のしあり 紅白5本結び切りまたは蝶結び ＊地域によって異なる	ネクタイ・ベルト・帯締め・財布・七色の腰ひも・ジュエリー
厄年が無事に過ぎた人へのお祝い	御厄除御祝・厄払い御祝・御祝	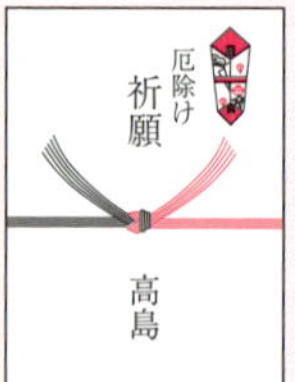	
厄年が無事に過ぎたときのお返し	厄除け内祝・内祝 ＊名古屋「厄」の文字を使用したくない場合、42歳は「六七内祝」「初老内祝」、33歳は「三三内祝」の表書きを使用する場合もある		厄を背負い込まないように、お返しには日用品や食べ物など、消費できるものが最適。お茶・コーヒー・紅茶・鰹節パック・のりなど

長《ちょう》寿《じゅ》のお祝《いわ》い（賀《が》寿《じゅ》）

長寿のお祝いは「賀寿の祝」ともいわれ、中国の礼式から伝わり、日本では奈良時代から行われてきた日本特有の風習です。長生きを喜び、さらに元気でいてほしいという願いを込めてお祝いをするものです。昔は数え年（生まれたときを1歳とし、その後新年を迎えるごとに1歳ずつ足していく）で祝うのがしきたりでしたが、現在は満年齢で祝うことも多くなっています。ただ、今では還暦といっても第一線で活躍している場合も多く、内輪でお祝いするようになっています。それぞれの祝い年のイメージカラーの身の回り品のほか、本人の好みのものを贈ると喜ばれます。

お祝い

還暦《かんれき》（数え年61歳）

表書き

祝 還暦・還暦之御祝・寿

のし、水引

のしあり
紅白5本蝶結び

解説

十干十二支《じっかんじゅうにし》の組み合わせで暦を数えると、干支は60年で一巡し、数え年61歳で生まれた年と同じ干支に還るため、「還暦」といわれるようになった。イメージカラーは「赤色」

名称	表書き	説明
緑寿《ろくじゅ》（数え年66歳）	祝 緑寿・緑寿之御祝	日本百貨店協会が平成14年に新しい賀寿として提唱。イメージカラーは若さと活力を象徴する「緑色」
古稀《こき》（数え年70歳）	祝 古稀・古稀之御祝	中国の詩人・杜甫《とほ》の「人生七十古来稀なり」に由来。現在は70歳まで生きる人は稀ではないが、長寿を表す言葉として、現在でも「古稀」と呼ばれている。イメージカラーは「藍色」
喜寿《きじゅ》（数え年77歳）	祝 喜寿・喜寿之御祝	「喜」の字を草書体で書くと「㐂（[illegible]）」となり、「七十七」と読めることからついた名称。イメージカラーは「黄色」
傘寿《さんじゅ》（数え年80歳）	祝 傘寿・傘寿之御祝	傘の略字「仐」は八十と読めることからついた名称。イメージカラーは「オレンジ」
米寿《べいじゅ》（数え年88歳）	祝 米寿・米寿之御祝	米の字を分解すると八十八となることからついた名称。イメージカラーは「ベージュ」

のしあり
紅白5本蝶結び

卒寿《そつじゅ》（数え年90歳）	祝 卒寿・卒寿之御祝	のしあり 紅白5本蝶結び  	卒の略字「卆」は分解すると九十と読めることからついた名称。イメージカラーは「紫色」
白寿《はくじゅ》（数え年99歳）	祝 白寿・白寿之御祝		百の字から一をとると白になることからついた名称。あと1歳で１００歳というお祝い。イメージカラーは「白」
紀寿《きじゅ》または百寿《ももじゅ》（数え年１００歳）	祝 紀寿・祝 百寿・紀寿之御祝・百寿之御祝		１００年が一世紀にあたることからついた名称
上寿《じょうじゅ》（数え年１００歳以上）	祝 上寿・上寿之御祝		１００歳以上の長寿のお祝いで毎年使える名称
茶寿《ちゃじゅ》（数え年１０８歳）	祝 茶寿・茶寿之御祝		「茶」の字は「十・十・八十・八」に分解でき、すべて足すと１０８（10＋10＋80＋８）になることからついた名称

皇《こう》寿《じゅ》（数え年111歳）

祝 皇寿・皇寿之御祝

のしあり
紅白5本蝶結び

「皇」の字を分解すると「白」が白寿の九十九、「王」は十がひとつ、一がふたつ。すべて足すと111（99＋10＋1＋1）になることからついた名称

お返し

内祝・寿・〇〇記念・〇〇之記念・〇〇之内祝・〇〇歳内祝

＊例：米寿記念・米寿之記念・米寿之内祝・八十八歳内祝

当人が主催した場合は「内祝」として、他の人が開催した場合は「記念品」として、袱紗《ふくさ》・風呂敷・陶器などを用意する。自宅でごく親しい人を招いた場合のお返しは、赤飯や祝い菓子などを帰りにお渡しする

＊イメージカラーは日本百貨店協会が提案したものを参考にしています。

第2章

季節のならわしと贈り物

お正月《しょうがつ》

お正月は家々に歳神様《としがみさま》をお迎えする行事で、門松《かどまつ》を立て、注連《しめ》飾りをし、鏡餅《かがみもち》を飾ります（「二重苦」を表す29日や「一夜飾り」と嫌われる31日を避け、28日まで、または30日に）。また、おせち料理を作り、お屠蘇《とそ》を飲み、柳箸《やなぎばし》を使うのがしきたりです。柳の木は降り積もった雪にもうなだれて耐え、折れないことから縁起がよいとされています。

○門松《かどまつ》

新年に歳神様を迎える依代《よりしろ》（神霊がよりつくもの）として、家々の門口や玄関に左右一対で立てて飾る松。松飾り・飾り松・立て松ともいいます。

○注連《しめ》飾《かざ》り

災いが家の中に入らないように玄関に飾る注連縄《しめなわ》のこと。神棚などにも飾り、神様を迎える神聖な場所であることを表します。

○鏡餅《かがみもち》

平たく円形の鏡のように作った餅。大小2個を重ね、正月に神仏に供えます。鏡は古来、呪術的なものとして重視され、祭器や権威の象徴・財宝とされました。

○おせち料理《りょうり》

正月や節句のごちそうに用いる料理。口取り（壱の重）、焼物（弐の重）、煮物（参の重）、酢物（与の重）があり、煮物はゆでかちぐり・昆布巻・ごまめ・牛蒡《ごぼう》・蓮根・芋・人参・くわいなどが入ります。暮れの間に準備をし、正月は家事をしないようにする保存食の意味合いもあります。

○お屠蘇《とそ》

1年の邪気を払い、長寿を願って、正月の祝儀として飲む酒で、元旦に、家族一同揃って、年少者から順に盃をまわして飲んでいきます（現在は年長者から飲む場合も）。屠蘇散《とそさん》（古代中国・魏《ぎ》の名医の処方で山椒《さんしょう》・防風《ぼうふう》・白朮《びゃくじゅつ》・桔梗《ききょう》・陳皮《ちんぴ》・肉桂皮《にっけいひ》などを調合）を屠蘇袋（紅絹《もみ》を三角形に縫う）に入れ、酒・みりんに浸して作ります。日本では、平安時代から行われています。

○お年始《ねんし》（お年賀《ねんが》）

日頃お世話になっている方のお宅へ新年のご挨拶に伺うことです。元日を避け、松の内（次項参照）までに済ませるのが一般的です。

シチュエーション	表書き	のし、水引	アドバイス
新年のご挨拶の手土産	お年賀・お年始 ○格式ばった年始回りの品：御勝栗料《おんかちくりりょう》	のしあり 紅白5本蝶結び  	年賀の品は名刺がわりという意味なので、石鹸・タオル・日もちのする千円前後のお菓子などが好適
年賀に訪れた方への返礼	お年始・賀正		
お年玉	お年玉	＊お年玉はポチ袋でも	

＊お返しは基本的に不要です。

○松《まつ》の内《うち》

正月の松飾りのある期間をさします。なお、期間は地方によってさまざまです。関東地方は1月7日までをいいます。

関西地方、山陰地方、名古屋1月15日までをいいます。

岐阜地域により1月7日までのところと、15日までのところがあります。

○人《じん》日《じつ》

1月7日は五節句のひとつ、「人日」(旧暦正月七日の節句)。

古代中国には、元日から六日までの各日に、獣畜《じゅうちく》をあてはめて占いを行う風習があり(元日は「鶏」、二日「狗《いぬ》」、三日「羊」、四日「猪《いのしし》」、五日「牛」、六日「馬」)、それぞれの日に占いの対象となる獣畜を大切にしました。そして、新年七日目は「人」を占う日にあて、人を大切にする日としたのです。

ちなみに、1月7日に春の七草(芹《せり》・薺《なずな》・御形《ごぎょう》・繁縷《はこべ》・仏《ほとけ》の座《ざ》・菘《すずな》・蘿蔔《すずしろ》)を入れて炊いた七草粥《ななくさがゆ》を食べると、万病を防ぐといわれています。七草粥はまた、年末年始の疲れた胃をいたわり、栄養面を考えて作られたともされます。

○鏡開《かがみびら》き（鏡割《かがみわ》り）

1月11日頃、鏡餅をさげて、刃物は使わず割って、雑煮《ぞうに》・汁粉にして食べる行事です。近世の武家で、男性は具足餅《ぐそくもち》（正月に甲冑《かっちゅう》を飾り、その前に供えた鏡餅）を、女性は鏡台に供えた餅を1月20日（後に11日）に割って食べたのが始まりです。

○小正月《こしょうがつ》

元日から1月7日までを「大正月《おおしょうがつ》」というのに対して、1月15日頃を中心にした数日を「小正月」といいます。また、年始めに多忙だった女性がようやくこの日、年賀に出向いたことから「女正月《めしょうがつ》」ともいわれます。

○小豆粥《あずきがゆ》

1月15日に邪気を除くとしてこの粥を食べます。もともとは米・餅・粟《あわ》・稗《ひえ》・黍《きび》・小豆など7種を入れて炊いていましたが、後に、米・餅・小豆で作る小豆粥となりました。

◯どんど焼《や》き（左義長《さぎちょう》）

小正月（1月15日頃）に村境などで行う火祭りです。門松、竹、注連縄《しめなわ》を集めて焚《た》きます。竹の節のはじける音が「ドンド」と聞こえることから「どんど焼き」といわれ、立ち昇る煙が大空へ羽ばたく白鷺《しらさぎ》に見えることから、「左義長」ともいわれています。

◯初釜《はつがま》

新春を祝ってお正月に初めて茶事で炉に釜をかけること。「稽古始め」と、「新年初の茶会」の意味があります。「点初《たてぞ》め」ともいいます。一般的にはお茶などのお稽古始めは、松の内の終わり近くに催されます。

ご祝儀を持参する場合、表書きは【祝初釜】【初釜】【点初め】とし、現金やお菓子などを包みます。初釜では心を込めたおもてなしをすることで、お返しにかえます。

節分《せつぶん》

節分とは季節が移り変わるとき、すなわち立春・立夏・立秋・立冬の前日をさし、特に立春の前日（2月3日頃）の意味で使います。

事の起こりは、旧暦の大晦日《おおみそか》（12月30日）の追儺《ついな》の儀式（鬼追い）が形を変えて庶民に広まったことです。旧暦では、立春の頃に正月を迎えました。

神社・寺院で年男が、または家庭では主に父親が「福は内、鬼は外」と唱えて豆をまき、災いを追い払って福を招き入れます。また、この日の夕暮れ、柊《ひいらぎ》の枝に鰯《いわし》の頭を刺したものを戸口に立て、「鬼打ち豆」と称して炒った大豆をまく風習もあります。

○ゆかりのある食《た》べ物《もの》

鰯…年取り肴《さかな》（大晦日の夜に年を取ることを祝う「年取り」の祝膳に吉例としてつけられる魚）であることと、そのにおいで鬼を打ち払うとされています。

恵方巻《えほうま》き…関西地方で節分に食べる太巻き寿司のこと。節分の夜、その年の恵方（年によって決められた幸運の方角）に向かって、願い事をしながら太巻き寿司を切らずに丸かじりすると、1年間元気に過ごせるという風習があり、「丸かぶり寿司」ともいわれます。現在は、全国的に普及してきています。

ぜんざい…関西地方以西では、商店街や寺社仏閣などで、大きな釜にぜんざいをたくさん作り、道行く人にふるまって厄除けを願うところもあります。

初午《はつうま》

2月上旬の午の日を「初午」といいます。京都の伏見《ふしみ》稲荷神社の神が降りた日であったといい、全国で稲荷社を祭ります。この日を蚕や牛馬の祭日とする習慣もあります。

北関東地方平安時代から下野《しもつけ》の国（栃木県）では、この日、鮭の頭や節分でまいた豆、細かく切った野菜に大根おろしと酒粕を加えて煮た「しもつかれ（すみつかり）」を稲荷神社に供えます。

バレンタインデー

1169年頃、ローマの祭司・聖徒バレンタインが殉教死した2月14日は、聖バレンタインの記念日です。この日を欧米では「愛の日」として祝う風習があり、恋人、婚約者、夫婦間でカードや贈り物を交換します。

女性が男性にチョコレートを贈るのは日本独自の習慣です。昭和11年、神戸の洋菓子メーカー『モロゾフ』が日本で初めてバレンタインデーの広告を出したことから始まり、昭和33年に東京の洋菓子メーカー『メリーチョコレート』が「バレンタインにチョコレートを贈ろう」とキャンペーンを実施。この頃からバレンタインの広告が毎年出るようになり、昭和50年頃から定着しました。

体裁は、カードを添え、リボンで飾り結びにします。

上巳《じょうし（じょうみ）》の節《せっ》句《く》（雛《ひな》祭《まつ》り・弥生《やよい》の節《せっ》句《く》・桃《もも》の節《せっ》句《く》）

3月3日は五節句（61ページ）のひとつです。雛人形を飾り、「桃の花酒」と呼ばれる白酒《しろざけ》を飲んで、女の子の幸せを願い、お祝いをします。
生まれて初めて迎える節句を「初節句」といい、特に盛大にお祝いします。

岐阜・名古屋・愛媛・山陰地方 4月3日または旧暦の3月3日に行う地域があります。

シチュエーション	表書き	のし、水引	アドバイス
初節句のお祝いを贈る	初節句御祝・御節句御祝・祝 御初雛・御初節句・御祝	のしあり 紅白5本蝶結び	○妻の実家：男女一対の内裏《だいり》雛《びな》 ○親戚やそれ以外の人：舞踊人形・子供の衣料・玩具
お返し	内祝・初節句内祝 ＊名入れは子供の名前のみ		お返しは基本的に不要。親しい人には赤ちゃんの写真を添えてお礼の手紙を書くとよい。あえてお返しする場合は、草餅・雛あられ・五目ちらし寿司・紅白砂糖など

○節句《せっく》の由来《ゆらい》

この行事は、古くから伝わる雛遊びと中国から伝来した厄払いがひとつになったものといわれています。そもそもは3月初めの巳《み》の日に行われ、「上巳の祓《はら》い」といって紙人形に生年月日を書き、祈禱《きとう》を受けて穢《けが》れを移し、身代わり人形として川に流しました。昔は質素な紙製の立雛《たちびな》でしたが、江戸時代頃から次第に立派なすわり雛になりました。**鳥取地方など一部の地方**今でも「流し雛」の風習があります。

○雛《ひな》人形《にんぎょう》の飾《かざ》り方《かた》

内裏雛《だいりびな》（天皇、皇后の姿になぞらえて作られた男女一対の雛人形）の飾り方は地方により異なります。もともと日本ではお内裏様から見て左（向かって右）が上位とされてきましたが、関東地方では男雛を向かって左、女雛を向かって右に飾ります。関東風の並べ方は、明治以降皇室が行事の際、欧米各国の習慣に合わせて女性を向かって右側に配する方式を採用したことから始まったようです。

段飾りの標準的な飾り方は、内裏雛の下の段（2段目）に三人官女《かんじょ》、3段目に五人囃《ばや》子《し》、4段目に随身《ずいじん》（左大臣〈老人〉、右大臣〈若人〉）、5段目に三人仕丁《しちょう》、6〜7段目に道具類です。

三人仕丁の持ち物は、関東地方では旅仕度、関西地方では庭掃除です。

三人仕丁の横には、「左近《さこん》の桜、右近《うこん》の橘」を飾ります。京都御所の紫宸殿《ししんでん》にある桜と橘がモデルといわれており、雛飾りに飾るときは、関東地方でも関西地方でも向かって右が「左近の桜」、向かって左が「右近の橘」となります。

関西地方（特に京都）関東とは左右反対に、男雛を向かって右、女雛を向かって左に飾ります。これは京都御所の紫宸殿の御即位の式典に由来しています。

○供《そな》え物《もの》

白酒、桃の花、ひし餅、雛あられを供えます。白酒は三人官女の段、または最上段の左右に飾り、雛あられは三人官女の間、ひし餅は随身の間に置きます。

昔は、3月2日は「宵《よい》節句」、3月3日は「本節句」、3月4日は「送り節句」といって3日間お祝いをしました。宵節句には赤飯、蛤《はまぐり》の吸い物などを供え、当日にはちらし寿司に貝の吸い物を添えるのが一般的ですが、地方によってしきたりがあります。

大阪宵節句には赤飯、貝の吸い物、当日にはちらし寿司に蛤の吸い物、また送り節句にはそばを供えます。

○飾《かざ》る時期《じき》としまう時期《じき》

雛人形は一般的に節句の1~2週間くらい前から飾り、しまうのは早いほうが早く嫁入りできるといわれています。また、節句の前の晩に飾る「一夜飾り」はよくないとされます。

雛人形の飾り方（関東地方の例）

1段目：内裏雛　2段目：三人官女　3段目：五人囃子
4段目：随身　5段目：三人仕丁　6～7段目：道具類

陰陽《いんよう》の話と五節句《ごせっく》について

●陰陽の話

陰・陽とは、古代中国の思想で天地間にあり、互いに対立し依存し合いながら万物を形成している2種類の気のことで、日・春・南・男などは陽、月・秋・北・女などは陰にあたります。

〈一・三・五・七・九〉

奇数は陽となり、天・日・上・動・明・表・男など積極的な面を表し、めでたい数字になります。

〈二・四・六・八〉

偶数は陰となり、地・月・下・静・暗・裏・女など陽のあたらない「かげ」の数字になります。

●五節句

節句とは、伝統的な年中行事を行う季節の節目となる日のことで、1年に5回あり、これを五節句といいます。このならわしは古来中国で始まりました。奇数を重ねた月日は「陽が極まり、陰を生じる」として、これを祓《はら》うための行事を行うようになり、格別の日となったのです。ちなみに、五節句の「節」というのは、中国の暦法で定められた季節の変わり目のことです。もともとはこの日に食べ物をお供えしたことから「節《せっ》供《く》」と書く場合もありますが、一般的には「節句」を使います。

○1月7日　人日《じんじつ》（七草の節句）
○3月3日　上巳《じょうし》《（じょうみ）》（雛祭り・桃の節句）
○5月5日　端午《たんご》（菖蒲《しょうぶ》の節句・こどもの日）
○7月7日　七夕《しちせき》《（たなばた）》（七夕祭り）
○9月9日　重陽《ちょうよう》（菊の節句）

ホワイトデー

バレンタインデーのお返しとして3月14日に、男性から女性に贈り物をする行事で、日本発信のイベントです。昭和52年に博多の老舗菓子店である石村萬盛堂《いしむらまんせいどう》がマシュマロ菓子『鶴乃子《つるのこ》』の拡販のため、「バレンタインデーの1か月後にマシュマロでお返しを」というキャンペーンを行ったことから始まり、当初はマシュマロデーと呼んでいました。現在ではキャンディーなどを贈るホワイトデーとして定着しています。

体裁は、カードを添え、リボンで飾り結びにします。

春《はる》のお彼《ひ》岸《がん》

お彼岸は、春と秋の年2回あります。春のお彼岸は、3月21日頃の春分の日を中日《ちゅうにち》として、前後3日間で計7日間をさします（秋のお彼岸は78ページ）。

「彼岸」はサンスクリット語の「川の向こう岸」を意味する言葉の訳で、現世を「此岸《しがん》」

と呼んだのに対し、あちら側の世界、つまり「あの世」をさします。春分や秋分の日は太陽が真西に沈むため、西方十万億土《さいほうじゅうまんおくど》にある極楽浄土《ごくらくじょうど》が照らされ、あの世に最も心の通じやすい日として祖先のお墓参りをする習慣になったようです。

寺院では、この期間に彼岸会《ひがんえ》が営まれ、読経《どきょう》、法話《ほうわ》などが行われます。信徒は参詣《さんけい》して祖先の墓に参り、供養します（お彼岸中であればお参りはいつでもかまいません）。

この時期、仏壇には牡丹餅《ぼたもち》や団子を供えます。牡丹餅はこしあんで丸く大きめに作るのが一般的で、牡丹《ぼたん》の咲く季節のため、このように呼ばれます。

端《たん》午《ご》の節《せっ》句《く》

5月5日は五節句（61ページ）のひとつです。武者《むしゃ》人形を飾り、鯉のぼりを立て、粽《ちまき》や柏餅を食べて男の子の成長を祝います。

生まれて初めて迎える節句を「初節句」といい、3月3日の上巳《じょうし（じょうみ）》の節句（桃の節句）と同様に盛大なお祝いをします。お祝いには兜《かぶと》・鎧《よろい》などの武具飾りや、武者人形、鯉のぼりなどを贈りますが、特別なしきたりはありません。鯉のぼりは、鯉が滝をのぼり竜になるという中国の伝説にならい、子供の出世を願う気持ちが込められています。

なお、鯉のぼりがすでに立っている場合は、鯉だけ増やします。その場合、上の子の鯉よりも小さくします。武具飾りや武者人形はあまり数を増やさないものといわれているので、ひと通り揃っている場合は武者絵などの色紙か掛け軸を贈るとよいでしょう。

シチュエーション	表書き	のし、水引	アドバイス
初節句のお祝いを贈る	初節句御祝・御節句御祝・祝 御《おん》初《はつ》幟《のぼり》・御初節句・御祝	のしあり 紅白5本蝶結び	妻の実家からは兜、鎧など武具飾り・武者人形・鯉のぼり・武者絵などの色紙か掛け軸
お返し	内祝・初節句内祝 *名入れは子供の名前のみ		お返しは基本的に不要。親しい人には赤ちゃんの写真を添えてお礼の手紙を書くとよい。あえてお返しする場合は、粽・柏餅・赤飯・巻き寿司・紅白砂糖など

○ 節《せっ》句《く》の由《ゆ》来《らい》

「端午」は月の初めの午《うま》の日のことです。古来中国では、「午」と「五」が同音のため「重五の日」（5が重なる）と呼ばれ、大切な厄払いの日として定着しました。そのため、

5月5日には病気や災厄を祓《はら》う目的で野に出て薬草を摘んだり、門戸に蓬《よもぎ》で作った人形をかけたり、菖蒲酒《しょうぶ》を飲んだりしました。

日本でも、魔除けとして菖蒲や蓬入りの風呂に入り、また早乙女《さおとめ》たちが神聖な田植えの前に忌《い》みごもりをして神を祭っていました。これが中国の行事と結びついたのが由来といわれています。

武家時代になると馬上から弓を射る騎射《きしゃ》、やぶさめなど勇壮な行事が多く行われるようになり、また、菖蒲が「尚武《しょうぶ》」「勝負」へ通じるところから男の子の節句の色合いが濃くなりました。今では男女にかかわらず、こどもの日として祝う家庭が多くなっています。

○武者人形《むしゃにんぎょう》の飾《かざ》り方《かた》

三段飾りが一般的です。上段の中央に鎧《よろい》か兜《かぶと》、左右に弓矢と太刀《たち》など、2段目には中央に太鼓、右側に陣笠、左側に軍扇《ぐんせん》、その左右に座敷のぼり（小型の鯉のぼりと吹流し）を立て、その両側に金太郎・桃太郎・飾り馬などの武者人形を並べます。3段目には左右にかがり火を立て、間に供え物をします。

○供《そな》え物《もの》

菖蒲酒は一対の素焼きの瓶子《へいじ》、なければ普通の銚子に酒を入れて菖蒲の花を口花《くちばな》にしてつけます。これを中央に置き、向かって左に柏餅を、右に粽をそれぞれ三方《さんぽう》（八足）にのせて飾ります。

ちなみに、柏は若い芽が出ないと古い葉が落ちないことから、柏餅には「跡継ぎが絶えないように」という願いが込められています。粽を食べる習慣は、中国・戦国時代、楚《そ》の国の忠臣 屈原《くつげん》の命日（5月5日）に、竹の筒に米を入れたもので供養したことが起源といわれています。

○飾《かざ》る時期《じき》としまう時期《じき》

節句の1～2週間くらい前から飾り、天気のよい日に早くしまいましょう。

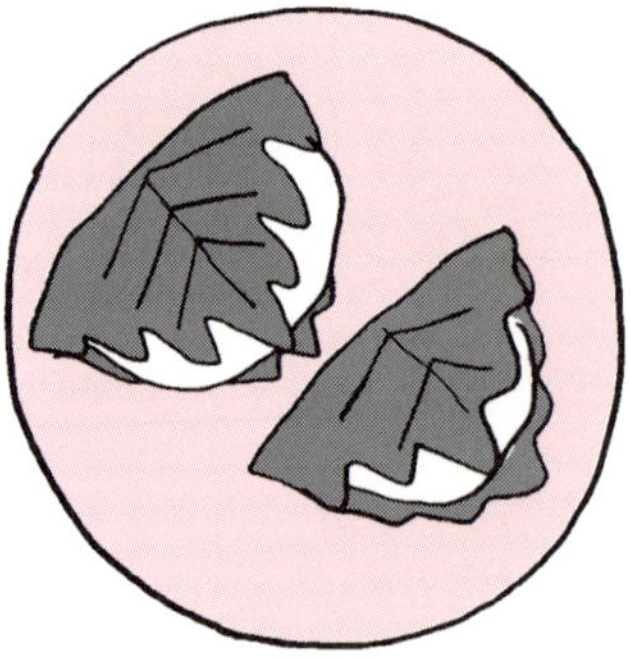

母《はは》の日《ひ》・父《ちち》の日《ひ》

5月の第2日曜日は母の日。1907年頃アメリカのアンナ・ジャーヴィスが母の命日に教会でカーネーションを信者に分けたのが始まりといわれています。その後、母への感謝の日として世界中に広がりました。

一方、6月の第3日曜日は父の日。母の日が年々盛んになるのを見て、J・B・ドット夫人が父の日を定めることを提唱し、1910年アメリカで父に感謝する日として制定されました。この日のシンボルフラワーはバラ、シンボルカラーは黄色です。

シチュエーション	表書き	のし、水引	アドバイス
母の日に感謝の気持ちを表す	母の日御祝・お母さんありがとう・すてきなお母さんへ	のしあり 紅白5本蝶結び ＊カードを添え、掛紙をかけないときは、リボンで飾り結びにする	カーネーション・ハンカチ・エプロンなどの衣料品・アクセサリー・趣味のもの
父の日に感謝の気持ちを表す	父の日御祝・お父さんありがとう・すてきなお父さんへ		ネクタイ・お酒類・軽衣料品・趣味用品・装身具など

夏越《なごし》の祓《はらえ》・水無月《みなづき》の祓《はら》い

1月から6月までの半年間の罪や穢《けが》れを祓い、6月30日に残りの半年の無病息災を祈願する行事で、この日、神社の鳥居の下や境内には茅《ちがや》で作られた大きな輪が用意されます。参拝者が「水無月の夏越の祓をする人は、千歳《ちとせ》の命のぶというなり」と唱えながらくぐると、夏の疫病や災厄から免れるといわれています。

京都 6月30日には「水無月」という和菓子を食べます。「水無月」は三角に切った外郎《ういろう》に小豆をのせたもので、小豆は悪魔祓いの意味があり、三角形は暑気を払う氷を表しているといわれています。

七夕《たなばた》（しちせき）

五節句（61ページ）のひとつです。7月7日の夜、天の川の両岸にある牽牛星《けんぎゅうせい》（鷲《わし》座の彦星）と織女星《しょくじょせい》（琴座の織姫）が年に一度、天の川を渡って会うという伝説から生まれた、星を祭る行事です。中国伝来の「乞巧奠《きっこうでん》」という風習と日本の「棚機津女《たなばたつめ》」の信仰とが習合したもので、奈良時代から行われ、江戸時代には民間にも広まりました。

庭前に供物《くもつ》をし、笹竹を立て、五色の短冊を飾りつけ、書道や裁縫などの手習いの上達を祈ります。

お中元《ちゅうげん》

中国では、1月15日を「上元《じょうげん》」、7月15日を「中元《ちゅうげん》」、10月15日を「下元《かげん》」といい、これらを「三元《さんげん》」と称してそれぞれの日に祖先に供え物をし、身の穢《けが》れを清めました。これが日本に伝わり、中元だけがお盆と重なり、一族の者が祖先への供物を持ち寄った風習と一緒になって、中元贈答の習慣ができたといわれています。

お中元を贈る期間は、地方によって異なります。首都圏では、お中元を7月上旬から7月15日頃までに贈るのが習慣ですが、最近では6月下旬から7月15日頃までに贈るのが一般的になりました。7月15日を過ぎたら【暑中お伺い】【暑中御見舞】とし、立秋（8月8日か9日）を過ぎたら【残暑お伺い】【残暑御見舞】として贈ります。

なお、お中元は、先方が喪中の場合でも贈ってもかまいません。ただし、忌明けが過ぎてから贈るほうがよいでしょう。

首都圏以外 7月上旬から8月15日頃（旧盆は毎年変動）がお中元の期間ですが、8月15日を過ぎたら【残暑お伺い】【残暑御見舞】として贈ります。

シチュエーション	表書き	のし、水引	アドバイス
お中元を贈る	お中元 ＊贈り主が個人の場合は一般的に姓のみを書く	のしあり 紅白5本蝶結び 	食品・産地直送品・ブランド食品・カタログギフト
お中元の時期に遅れた場合	○立秋まで：暑中お伺い・暑中御見舞 ○立秋から処暑：残暑お伺い・残暑御見舞		
お返し	お中元・粗品・御礼		基本的には不要だが、友人、同僚、きょうだいには同程度の品物でお返しを（ただし、同じ品物は失礼にあたる）。

Q&A

Q 目上の人から先にお中元をいただいてしまったのですが、どのようにお返しをしたらよいでしょうか？

A 本来、お世話になった相手に贈るものですので、基本的にはお返しは不要で、お礼状だけでかまいません。しかし、一般的には目下の人から目上の人に贈るため、気になるようなら、お返しをします。お歳暮も同様です。

Q お仲人さんへお中元とお歳暮を贈っていたのですが、そろそろやめたいと思っています。何年くらい続けるのが普通でしょうか？

A 結納や結婚式当日だけお願いした「頼まれ仲人」とのおつきあいは、3年くらいが一般的のようです。恩義のある方、親戚筋の仲人の場合、一般的には、先方が他界するまでとします。

Q 東京で暮らしていますが、夫の実家は地方です。お中元を贈る時期は先方に合わせるべき?

A 首都圏の場合、お中元を6月下旬に贈る方もいますが、地方へは時期が重なる7月上旬〜15日頃に贈るのが無難です。

八《はっ》朔《さく》

八朔とは8月1日のこと。「朔《ついたち》」の文字は「欠けた月が戻る」という意味で、「めでたき吉日」と考えられ、日頃お世話になっている方に品物を贈り、力添えをお願いする日です。

京都 これが中元の本来のしきたりで、祇園の舞芸妓が師匠やお茶屋に挨拶回りをする風習が今でも受け継がれており、この日からお中元を贈る方もいます。

お盆《ぼん》

お盆は7月15日を中心に、祖先の霊を迎えて供養する仏教行事です。正式には「盂蘭《うら》盆会《ぼんえ》」といい、古代サンスクリット語の「ウランバナ」が語源で、「逆さづりの苦しみ」を意味します。これは、釈迦《しゃか》の弟子の目蓮《もくれん》が、餓鬼道《がきどう》に落ちて逆さづりにされ苦しんでいる母親を見て、救いたいと釈迦にすがったところ、7月15日にごちそうを供えて衆僧《しゅうそう》に供養してもらうよう教えがあったことに由来します。

お盆の期間は地域によって異なるため、各地方の習慣に従います。首都圏では7月13日〜16日です。

首都圏以外 8月13日〜15日、もしくは16日に行われる地方もあります（旧盆、関西地方では関西盆といいます）。

岐阜 地区、宗派により7月13日〜16日のところがあります。

京都 盆の精霊《しょうりょう》を迎えるために焚く門火《かどび》を「お精霊《しょらい》さん」（8月7日〜10日）といいます。

また、8月16日に「京都五山《ござん》送り火」といわれる全国的に知られる行事もあります。

〇供養《くよう》のしかた

地獄の釜が開くとされる7月1日あたりから準備を始めます。まず、お墓参りをして、お墓を掃除し、7月11日くらいから家に盆花《ぼんばな》を飾ります。盆入りの7月13日には仏壇を清め、祖先の霊を迎えるために盆棚《ぼんだな》（精霊棚《しょうりょうだな》）を作ります。棚には、水を入れた鉢、初物の野菜、果物を供え、麻幹《おがら》（皮をはいだ麻の茎）または割り箸で足をつけた牛と馬を作って飾ります。夕方には迎え火の麻幹をお墓や門前で焚いて霊を迎えます。7月14日～15日には僧侶を招いて棚経《たなぎょう》をあげてもらいます。この3日間は精進料理を食べて供養する家庭もあります。7月15日、または16日（地方により異なる）は夕方に迎え火を焚いた場所で送り火を燃やし、霊を送ります。そして、藁《わら》や麻幹で盆舟《ぼんぶね》を作り、ろうそくを立てたり灯籠《とうろう》を添えたりして、精霊棚や御供物などをのせて川や海に流します。これが「精霊流し」です。

忌明け後、最初に迎えるお盆を「新盆《にいぼん（しんぼん・あらぼん）》」といいます（詳しくは182ページ）。

地《じ》蔵《ぞう》盆《ぼん》

地蔵盆は地蔵菩薩の縁日（8月23・24日）に行われる、子供を中心とした町内会の仏教行事です。全国的に行われている風習ですが、京都を含む近畿地方を中心とする地域で特に盛んです。寺院に祀《まつ》られている地蔵菩薩ではなく、道祖神信仰による街角（辻）のお地蔵さんが対象となっています。地蔵菩薩は、親より先に亡くなった子供が賽《さい》の河原で苦しんでいるのを救うといわれることから、子供たちはお地蔵さんにお参りし、加護を祈願します。近年では、お菓子や料理などがふるまわれたり、催し物が行われたりしています。

土《ど》用《よう》

土用とは立春、立夏、立秋、立冬の前の各18日間をさします。宇宙のすべては木、火、土、金、水の要素から成り立つという、古代中国の五行説に由来し、「土」が支配する期間と考えました。現在は立秋の前18日間の「夏の土用」が代表して、「土用」といわれるようになりました。

1年の中でもいちばん暑い時期のため、自重するのがよいとし、身体に精をつけるものを食べる習慣があります。また、丑《うし》の日に「う」のつくもの、例えば「うり」「鰻」「梅干」などを食べると身体によいとも信じられていました。鰻を食べる習慣は、江戸時代に平賀源内《ひらがげんない》が鰻屋の宣伝の一環として広めたといわれています。

丑の日とは、十二支を日にちにあてはめて「丑」にあたる日のことです。よって毎年異なり、土用期間に十二支がひと回りして、1年に2回あることもあります。土用の期間中、2回目の丑の日は「二の丑」と呼びます。

重陽《ちょうよう》の節句《せっく》

9月9日は五節句（61ページ）のひとつです。最大の奇数（陽数）である「九」が重なることから重陽の節句といわれ、不老長寿と無病息災を祈り、祝います。旧暦9月9日、中国では登高《とうこう》という丘に登る行楽の行事があり、日本では奈良時代より宮中で観菊《かんぎく》の宴を催すようになりました。「菊の節句」とも呼ばれます。

中《ちゅう》秋《しゅう》の名《めい》月《げつ》

旧暦8月15日の夜、新暦では9月の中旬から下旬に満月を鑑賞する行事です。「お月見」「名月」「十五夜」とも呼ばれます。

古来中国では、中秋の名月を鑑賞する風習があったとされています。この風習が日本に伝わり、畑作物の収穫に感謝する儀礼が加わり、江戸時代以降に庶民に広まりました。

月見団子やお萩《はぎ》のほか、その時期にとれた作物（里芋など）を供える地方もあります（「芋名月《いもめいげつ》」ともいう）。また、秋の七草（萩《はぎ》・薄《すすき》・撫子《なでしこ》・葛《くず》・女郎花《おみなえし》・藤袴《ふじばかま》・桔梗《ききょう》）のうち、魔除けの力があるといわれるすすきを飾ります。

関西地方 旧暦9月13日の月を「十三夜」「栗名月《くりめいげつ》」「豆名月《まめめいげつ》」と呼び、十五夜と十三夜を鑑賞するのが昔からのならわしです。十五夜または十三夜のどちらか一方しか観ないことを「片見月《かたみづき》」と呼び、縁起が悪いといわれます。

敬《けい》老《ろう》の日《ひ》

長年社会に尽くしてきた老人を敬愛し、その長寿を祝い、また老人福祉への関心と理解を深めるため、昭和41年、国民の祝日として設けられました。平成14年までは9月15日に設定されていましたが、平成15年より9月の第3月曜日になりました。

シチュエーション	長寿をお祝いする
表書き	長寿御祝・御祝・敬老の日御祝・寿福・敬寿・万寿・長寿之御祝
のし、水引	のしあり 紅白5本蝶結び
アドバイス	カシミヤセーター・ジャケット・小物などの趣味性の高いもの

秋《あき》のお彼《ひ》岸《がん》

9月23日頃の秋分の日を中日《ちゅうにち》として、前後3日間で計7日間をさします（春のお彼岸は62ページ)。昼と夜の長さが同じになる日です。秋のお彼岸には仏壇に花やお萩《はぎ》を供えます。お萩は小ぶりで長めに丸めた粒あんが一般的で、萩の咲く季節のため、このように呼ばれます。

ハロウィーン

キリスト教の万聖節《ばんせいせつ》の前夜祭で、10月31日の夜に行われる、亡くなった家族や友人を偲ぶ行事です。死者の霊や悪霊、妖魔や妖精が横行する日とされ、ジャック・オ・ランタンと呼ばれるかぼちゃの提灯《ちょうちん》を飾り、お化けに仮装した子供たちが「Trick or treat(何かくれないといたずらするよ)」といいながら訪ねた家でお菓子をもらったりします。さまざまな説がありますが、多くは悪霊を追い払うための魔除けとされています。

お歳暮《せいぼ》

日頃お世話になっている方へ1年の締めくくりにお礼の気持ちを贈るものです。古くは、年の変わり目に先祖の霊を迎えて祭る「御魂祭《みたままつり》」の名残で、年越しの供え物でした。そもそもは12月13日のお正月の準備を始める「事始め」から贈っていましたが、現在では12月上旬〜25日頃が適当とされます。最近では11月下旬から贈る方も増えていて、年を越した場合は【お年賀】、または【寒中御見舞】として贈ります（京都では今でも12月13日の「事始め」から贈る方もいます）。

贈る相手は、仕事関係でお世話になっている方、夫婦双方の実家の両親、きょうだい、親戚、仲人など。百貨店などを通じて配送することが多いですが、本来は持参して挨拶の言葉とともに渡すものです。品物を送るだけでなく、挨拶を兼ねた送り状を別送するとより丁寧です。

お歳暮を直接いただいたときは、お礼の言葉を述べて受け取ります。配達の場合は、受領の報告を兼ねて礼状を出すとよいでしょう。

お世話になった年にだけ贈る場合は表書きを【御礼】【粗品】とします。

シチュエーション	表書き	のし、水引	アドバイス
お歳暮を贈る	お歳暮	のしあり 紅白5本蝶結び  	先方の家族構成やライフスタイル、年齢、嗜好などを参考に、予算に合わせて選ぶ。食品、産地直送品、ブランド食品、カタログギフトなど
お歳暮の時期に遅れた場合	○お正月：お年賀 ○大寒前後1週間：寒中お伺い・寒中御見舞 ○立春～：余寒お伺い・余寒御見舞		
お返し	お歳暮・粗品・御礼		基本的には不要だが、友人、同僚、きょうだいには同程度の品物でお返しを（ただし、同じ品物は失礼にあたる）。

Q&A

Q 先方が喪中の場合、お歳暮はどのようにしたら？

A お歳暮はお祝いではないので、例年挨拶をしているお宅が喪中であっても贈ってかまいませんが、忌明けまでは差し控えます。さらに、気にされる方もいらっしゃいますので、その場合は、表書きを【お歳暮】とせず【粗品】とすると安心です。こちらが喪中の場合も、同様にして、華やかな花などを贈るのは避けます。

クリスマス

12月25日はキリストの誕生を祝う日で、キリスト教では復活祭と並ぶ最大の祭日です。この日はもともとキリスト教徒の宗教的な日でしたが、今では一般にも普及し、全世界で祝われるようになりました。クリスマスにはカードを送り、プレゼントを交換します。クリスマスカードは必ずイブ（12月24日）までに届くようにします。年賀状は喪中の方には控えますが、クリスマスカードは送っても差し支えありません。

大晦日《おおみそか》

毎月の最終日を「晦日」または「つごもり」といい、12月31日は1年の最後の日ということで「大晦日」「大つごもり」といいます。昔は、深夜0時ではなく、日が沈むと1日が終わると考えられていたため、大晦日の夜が新年のスタートにあたりました。そのため、前日までにお正月の準備を整え、大晦日は心身を清めて神社にこもり、ひと晩中起きて歳神様《としがみさま》を迎えるのがならわしでした。

大晦日に正月飾りをするのは「一夜飾り」といって縁起が悪いとされています。旧暦では大晦日が12月30日で、前日は29（二重苦）日だったため、正月飾りは28日までに済ませていました。現在、大晦日は12月31日のため、正月飾りは30日でもよいとされています。

大晦日の晩に年越しそばを食べるようになったのは、江戸時代からです。そばはコシが強く長いことから、寿命・身長が延びる、末長く繁盛するなどといわれ、縁起をかつぐ意味があります。現在でも年越しそばを食べる習慣は一般家庭に残っています。

覚えておきたい日本の歳時記

二十四節気

二十四節気《にじゅうしせっき》とは、1年を24等分し、各分割点に季節を表すのにふさわしい名称をつけたものです。約15日ごとに分けられており、1か月の前半を節気《せっき》（節《せつ》）、後半を中気《ちゅうき》（中《ちゅう》）といいます。

春 名称	概略日付	節気・中気名	意味
立春《りっしゅん》	2月4日	正月節	寒さも峠を越え、春の気配が感じられる
雨水《うすい》	2月19日	正月中	陽気がよくなり、雪や氷が溶けて水になり、雪が雨に
啓蟄《けいちつ》	3月6日	二月節	冬眠していた虫も目を覚まして地上にはいだしてくる

春分《しゅんぶん》	3月21日	二月中	春の彼岸の中日《ちゅうにち》。太陽が真東から昇って真西に沈み、昼夜がほぼ等しくなる
清明《せいめい》	4月5日	三月節	すべてのものが生き生きとして、清らかに見える
穀雨《こくう》	4月20日	三月中	穀物を潤す春雨が降る
夏			
立夏《りっか》	5月6日	四月節	夏の気配が感じられる
小満《しょうまん》	5月21日	四月中	すべてのものが次第に伸びて天地に満ち始める
芒種《ぼうしゅ》	6月6日	五月節	麦を刈り、苗を植える農繁期。稲や麦などの芒《のぎ》（穂先の堅い毛）のある穀物を植える
夏至《げし》	6月22日	五月中	昼の長さが一年中で最も長くなる
小暑《しょうしょ》	7月8日	六月節	暑気に入り、梅雨が明ける
大暑《たいしょ》	7月23日	六月中	夏の暑さが最も極まる

＊年により1日くらい前後します。

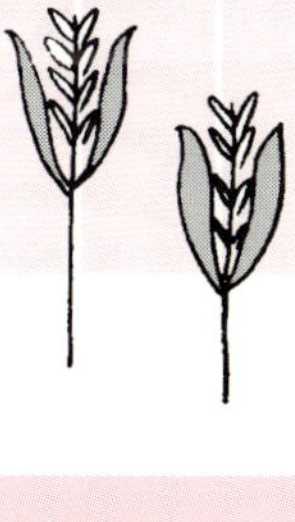

COLUMN

秋

立《りっ》秋《しゅう》	8月8日	七月節	秋の気配が感じられる
処《しょ》暑《しょ》	8月23日	七月中	暑さがおさまってくる
白《はく》露《ろ》	9月8日	八月節	大気が冷え、露が草に宿る
秋《しゅう》分《ぶん》	9月23日	八月中	秋の彼岸の中日。昼夜がほぼ等しくなる
寒《かん》露《ろ》	10月9日	九月節	秋が次第に深まり、草の葉に宿る露も霜となる
霜《そう》降《こう》	10月24日	九月中	秋も末となり霜が降りる

冬

立《りっ》冬《とう》	11月8日	十月節	冬の気配が感じられる
小《しょう》雪《せつ》	11月23日	十月中	寒くなって雨が雪になる
大《たい》雪《せつ》	12月8日	十一月節	雪もいよいよ降りつもってくる

冬至《とうじ》	12月22日	十一月中	昼の長さが一年中で最も短くなる
小寒《しょうかん》	1月6日	十二月節	寒の入りで、寒気が増してくる
大寒《だいかん》	1月20日	十二月中	冷気が極まって、最も寒さがつのる

＊年により1日くらい前後します。

雑節

雑節《ざっせつ》は、五節句・二十四節気以外の移り変わりの目安となる日の総称です。二十四節気は中国で作られた暦のため、農業に従事する人々が十分に季節の変化を読み取れないことから、その補助をするために考えられた日本独特の暦です。

名称	時期と内容
節分《せつぶん》	季節の分かれ目のことで、もとは四季にあった。立春の前日
彼岸《ひがん》	春分と秋分の前後3日ずつの計7日のこと。初日を「彼岸の入り」、当日を「彼岸の中日《ちゅうにち》」、終日を「彼岸の明け」と呼ぶ

社日《しゃにち》　春分・秋分に最も近い戊《つちのえ》の日。生まれた土地の産土神様《うぶすながみさま》に参拝する日

八十八夜《はちじゅうはちや》　立春から数えて88日目で5月2日頃。霜の心配がなくなり、農家では種まきの適期を迎える

入梅《にゅうばい》　旧暦では芒種の後の壬《みずのえ》の日。梅雨の雨が降り始める頃

半夏生《はんげしょう》　旧暦では夏至より11日後とされていた日で、7月2日頃

土用《どよう》　旧暦では立春、立夏、立秋、立冬の前18日間をさした。最近では夏の土用だけをさすことが多い

二百十日《にひゃくとおか》　立春から数えて、210日目の日。台風の多い日といわれる

二百二十日《にひゃくはつか》　立春から220日目。二百十日同様、嵐の襲来する時期として恐れられた

六曜（六輝）

六曜《ろくよう》は六曜星の略で、旧暦における各月の1日目が、1・7月は先勝、2・8月は友

引、3・9月は先負、4・10月は仏滅、5・11月は大安、6・12月は赤口にあたるとし、6日ごとに一巡させて吉凶を占うという、古くからの生活習慣です。迷信のようなもので、それほど大きな意味はありません。地域によって読み方が異なります。

現在の新暦にあてはめると、毎年、日にちが変わります。

名称	読み方	意味
先勝	せんしょう（さきかち・せんかち）	何事も早く決断し、実行するには吉日。午前中が吉、午後が凶
友引	ともびき（ゆういん）	婚礼には大安と同様に、よい日とされている。ただし、葬儀は忌《い》む。正午前後は凶
先負	せんぷ（さきまけ・せんまけ・せんぶ）	事を急がずに待つ日。午後からが吉
仏滅	ぶつめつ	一日中凶日で何事も忌む。この日に病めば長引く
大安	たいあん（だいあん）	一日中吉日。婚礼、開店、旅行、その他万事に最良の日
赤口	しゃっこう（しゃっく・じゃっこう）	凶日で何事に用いても凶。基本的には一日中凶だが、正午前後は吉

COLUMN

国民の祝日

「国民の祝日に関する法律」で定められた休日は、以下になります。

元日	1月1日
成人の日	1月第2月曜日
建国記念の日	2月11日
春分の日	3月20日頃
昭和の日	4月29日
憲法記念日	5月3日
みどりの日	5月4日
こどもの日	5月5日
海の日	7月第3月曜日
山の日	8月11日（2016年から）
敬老の日	9月第3月曜日
秋分の日	9月23日頃
体育の日	10月第2月曜日
文化の日	11月3日
勤労感謝の日	11月23日
天皇誕生日	12月23日

第3章

婚礼の基礎知識と贈り物

結納から結婚までの一般的な流れ

結婚は人生における大きなイベントのひとつです。結婚を決めたら、婚約を発表したり、結納を交わし、挙式や披露宴の準備を始めます。その行い方にはさまざまなスタイルがあり、地方によっても慣習が異なるため、何をどのように取り入れるかは、本人を中心に、両家で話し合って決めていきます。一般的なスケジュールは以下の通りです。

6か月前〜3か月前

①結納を交わす。または、婚約式を行う（婚約指輪を贈る）。
②挙式や披露宴のスタイル、規模、予算を決め、日取りや会場を決定し、予約。
③媒酌人《ばいしゃくにん》に正式に依頼する。
④招待客をリストアップする。

↓

3か月前

①婚礼衣装の予約をする。
②新居を決定し、家具や調度品を下見する。

③招待状を作成し、発送する。
④引出物・引菓子を選定する。
⑤結婚指輪を注文する。
⑥新婚旅行の予約をする。

2か月前～1か月前

①衣装、ヘアメイクなどのスタッフや司会者と打ち合わせをする。
②家具や家庭用品を購入する。
③招待状の返事を確認して、披露宴の席次を決定し、印刷する。

20日前～7日前

①式場のスタッフ、媒酌人、司会者との最終打ち合わせをする。
②新居をととのえ、婚姻届、転出届、転入届の準備をする。

前日

①媒酌人に挨拶の電話をする。両親に挨拶する。

挙式・披露宴当日

翌日以降

①新婚旅行に出発する。
②両親や媒酌人への挨拶をする。ご近所への挨拶もする。
③内祝品の手配をする。

婚約・結納

決《き》め酒《ざけ》・扇《せん》子《す》交《こう》換《かん》

結婚の約束が成立することを婚約といいます。その誓約の証として、一般的に両家の間で取り交わされるのが「結納」です。結納は結婚の6〜3か月前の吉日に行いますが、その前の吉日の午前中に、結納を決める仮約束をします。これを「決め酒」といいます。仲人または男性の親が酒とするめを持参して女性の家を訪ね、正式に結婚の承諾を得ます。地方によって呼び方は異なり、「樽入れ」「たもと酒」「徳利」などと呼ぶ場合もあります。

岐阜「喜女酒《きめざけ》」という掛紙を清酒にかけて持参します。

愛媛「寿美酒《すみざけ》」といい、一生一代住んでもらうという意味で、酒一升と鯛一匹を持参していました。現在ではお金を持参します。

島根男性側が酒2本と鰹節を持参します。

鳥取男性側が雄雌一対の鯛か角樽《つのだる》一対を持参します。

関西地方「決め酒」のことを「扇子交換」または「扇子納め」といい、「末広」と呼ばれる一対の純白無地の扇子の取り交わしを行います。男性から女性へ、次に女性から男性へ納め、双方の挨拶をします。

MEMO

仲人《なこうど》と媒酌人《ばいしゃくにん》

「仲人」は、お願いする段階によって役割が大きく異なり、主に次の3タイプあります。

①縁談から結納、挙式・披露宴まで全過程を取り仕切る。

②縁談から結納までの仲立ちをする。

③挙式・披露宴での仲立ち（媒酌）だけを務める（「頼まれ仲人」とも呼ばれる）。

一方、「媒酌人」とは、「三々九度の杯に立ち会う人」という意味で、挙式・披露宴での仲立ちだけを務める（仲人の③と同様）、神前結婚式や仏前結婚式には欠かせない存在です。結納でお世話になった仲人がいる場合は同じ方にお願いするのが一般的です。

最近では、仲人や媒酌人を立てないことが多くなりました。

結《ゆい》納《のう》

結納は本来「ユヒノモノ（結の物）」と呼ばれ、両家が新しく姻戚関係を結ぶために共同で飲食する酒肴《しゅこう》を意味しました。結納品の大部分が酒とその肴《さかな》となるものの名称になっていることが名残りです。そこへ次第に、花嫁の衣装や道具、さらにお金が加わって今日の形になりました。最近では、婚約指輪や婚約記念品を交換する方法、婚約披露パーティーを開く方法などもあります。

結納を取り交わす結納式の日取りは結婚の6～3か月前の吉日とし、時間はなるべく午前中に設定します。場所は一般的には女性宅ですが、現在は両家がホテルや結婚式場の一室を借りて行うケースが増えています。

関東地方では、結納品を交換することを「結納を交《か》わす」といい、結納品は両家とも同じ品目か、女性側が少なくするのが一般的でしたが、最近は、平等に取り交わす意味から、両家にあまり差がないほうがよいとされています。

関西・山陰地方男性側だけが贈ることから「結納を納める」といい、男性側が結納品を納め、女性側が受書《うけしょ》を渡します。地方によっても異なりますが、そのときに男性側に記念の品を贈ることが多くなっています。

○結納品《ゆいのうひん》（結納飾《ゆいのうかざ》り）

地方や両家により異なりますが、主に用いられる品は以下の通りです。どちらの地方に合わせるかは、両家の話し合いによって決めます。

目録《もくろく》（茂久録）…結納品の品名、数量を書いたもの。これに結納の取り交わしの日付と名前を書き込みます（関東地方は本人名を書くことが多い）。関西地方では父親の姓名を書きます。山陰地方、岡山では本人名が一般的。愛媛では親の名字が一般的。

長熨斗《ながのし》（熨斗）…鮑《あわび》を薄くはぎ、長く伸ばして干したもので、不老不死の象徴。現在では短冊型に切った黄色い紙を使用します。関西地方では「熨斗」といいます。

金宝包《きんぽうづつみ》…結納金を包んだものの総称。男性から女性に贈るときは「御帯料《おんおびりょう》」といい（京都では「帯地料《おびじりょう》」、関西地方では「小袖料《こそでりょう》」）、女性から男性に贈る結納返しでは「御袴料《おんはかまりょう》」といいます（京都、山陰地方では「袴地料《はかまじりょう》」）。

末広《すえひろ》（寿恵廣）…一対にした純白無地の扇子。純白は純潔・潔白・純真無垢を表し、扇を広げた形は末広がりという意味から、一家の繁栄を祈願しています。関西地方では金銀儀式用もあります。

友白髪《ともしらが》（友白賀）…白い麻ひもの束。「友志良賀」「共志良賀」とも書きます。共に白髪が生えるまで長生きするようにとの願いと、麻糸のように強い絆で結ばれるようにとの願いが込められています。

高砂《たかさご》…尉《じょう》（老翁）と姥《うば》（老女）の人形のこと。共に白髪になるまで夫婦仲睦まじくという願いが込められています。関西地方、岐阜でよく用いられます。

子生婦《こんぶ》…昆布のこと。昆布は強力な生命力と繁殖力があることから、子宝に恵まれ元気な子供を授かるようにと、子孫繁栄を願って贈られます。昆布は奇数を包みます。

寿留女《するめ》…するめイカの干物。長期保存ができることから、幾久しく幸せな家庭を築くようにとの願いと、噛めば噛むほど味がでることから、味のある仲のよい夫婦になってほしいとの願いが込められています。

樽料《たるりょう》（柳樽料《やなぎだるりょう》）…酒一升の角樽《つのだる》一対。「家内喜多留料《やなぎだるりょう》」「清酒料」ともいいます。本来は柳の樽に入れた祝い酒を用いますが、現在では酒料として現金を包むのが一般的です。地方により合わせて一升（一緒）になることから五合樽一対にするところもあります。東海地方では「諸白料《もろはくりょう》」といい、女性から男性に贈ります（樽料と同額程度）。

勝男節《かつおぶし》（松魚料《まつおりょう》）…鰹節のこと。「勝男武士」ともいい、背節、腹節を取り合わせて一対にしたものを用います。かつて武士が出陣するときに武運を祈って贈られたことから、強くたくましい男性を表します。関西地方、山陰地方では「松魚料」といいます。かつては実際に魚を贈っていました。中部地方では「御膳料」（食事代）として用意することも。

優美和《ゆびわ》**（結美和）**…婚約指輪のこと。

呉服細工《ごふくざいく》…呉服地を使用して宝船や鯛を形作ったもの。中部地方でよく用いられます。

なお、結納品は仲人が両家を行き来して納めていましたが、現在では、ホテルなどの別会場で両家と仲人が揃って結納式を行い、交換するケースが増えています。

関西地方、愛媛、岐阜、山陰地方「色替え」という風習があります。男性側が「赤」の包みで結納品を持参し、女性側が「緑」の包みに変えて結納返しをします。

名古屋男性側が持参した紅白の包みの結納品を、後日、女性側が松葉色（緑色）の包みに色替えして引出結納《ひきでゆいのう》として納めます。婿養子の場合は、女性側が「緑」で結納品を持参し、男性側が「赤」で引出結納を納めます。

京都女性側で新しく「袴飾り」を用意します。

東海地方、三河地区や九州地方結納返しは引出結納と呼ばれます。

○結納金《ゆいのうきん》

かつての結納では男性から女性に帯を、女性から男性には袴を贈っていたことから、男性から女性に贈る結納金を「帯料」、女性から男性へのお返しを「袴料」と呼びます。金額は、以前は家の格式などに合わせて決めていましたが、現在では本人の月収の2〜3か月分が平均とされています。

関東地方では、昔からの礼儀として、男性側から贈られた半額を女性側がお返ししますが、現在では男性側があらかじめ半額を贈り、女性側ではお金を用意しないことがあります。この場合、片祝いを避けるため、お祝いのしるしとして女性側が5千円、1万円程度の「御袴料《おんはかまりょう》」を贈ります。これは、「ご縁があるように」とかつて金宝包に5円玉を入れていたことの名残で、1万円は「ご縁が重なる」を意味します。目録には「御《おん》袴地壱台《はかまじいちだい》」と書き、結納金の省略を表します。

岡山、愛媛、滋賀の一部（大津・彦根）結納金のお返しとして男性側から贈られた1割を女性側が「袴料」としてお返しします。

○目録《もくろく》

結納品のすべてを箇条書きにし、「幾久敷目出度御受納《いくひさしくめでたくごじゅのう》ください」という言葉と日付や名前を記したものが目録です（指輪や時計などの婚約記念品を贈り合う場合も同様）。関東地方では、結納品が五品・七品の場合でも、目録上は九品とするのが一般的です。これは、九品目名が並ぶことで「祝い言葉」として完成すると考えられるためです。

関東式

目録

長熨斗
一、御帯料　壱封
優美和付
一、勝男節　壱連
一、寿留女　壱連
一、子生婦　壱台
一、友白髪　壱台
一、寿恵廣　壱対
一、家内喜多留　壱荷
右之通り幾久敷目出度
御受納下されたく候也
以上
平成○年○月○日
○○○○
○○○○様

東海式

茂久録

熨斗
一、小袖料　金壱百萬圓也
一、優美和　壱環
一、寿留女　壱把
一、友白髪　壱結
一、子生婦　壱連
一、家内喜多留料　金壱拾萬圓也
一、寿栄廣　壱対
以上
右幾久敷目出度
御寿納賜度候也
平成○年○月　吉日
○○家
○○家様

関西式

＊大阪、京都では上包みに「寿」と書きます。

目録

一、熨斗　壱連
一、末広　壱対
一、帯地料　壱封
一、高砂　壱対
一、優美和　壱環
一、子生婦　壱台
一、寿留女　壱台
一、柳樽料　壱封
一、松魚料　壱封
以上
右之通幾久敷芽出度
御受納被下度候也
平成○年○月　吉日
（婿方親または本人）
（嫁方親または本人）様

＊目録のあて名は本人の名前が一般的ですが、双方の父親の名前を書く場合もあります。

◯受書《うけしょ》

受書は本来、仲人が両家を往復するときに大金の受け渡しの間違いを防ぎ、受納を確認するための領収書の意味をもつもので、女性側は結納品の目録を見て書きます。現在のように両家、両親が一堂に会して結納を交換するときなどには、省略する場合もあります。

京都・愛媛 一般的に女性側が用意します。結納品の中の目録を見て受書を書きます。

山陰地方 一般的に女性側が用意しますが、目録の内容がわからないことが多いので、男性側が結納品と一緒に受書を用意することもあります。

愛媛・東京・神奈川 品目を省略する略式版の受書も用います。

◯家族書《かぞくしょ》・親族書《しんぞくしょ》

家族書と親族書は結婚するふたりの家族と親族をそれぞれ紹介する意味で、奉書に認《したた》め、結納式の際、両家で交換するものです。家族書には本人と同居している家族を、親族書には同居していない三親等までを記入して交換します。最近では省略することも。

MEMO

結納品の飾り方・取り交わし方

●結納品の飾り方

結納品は、通常、結婚式当日まで飾っておきます。品物の種類や形、飾り方は、次のように、大井川《おおいがわ》をはさんで関東式と関西式に大きく分かれています。

関東式 すべてをひとつの台にのせるのが正式です。

○九品目（基本）…目録《もくろく》、長熨斗《ながのし》、金宝包《きんぽうづつみ》、末広《すえひろ》、友白髪《ともしらが》、子生婦《こんぶ》、寿留女《するめ》、家内喜多留《やなぎだる》、勝男節《かつおぶし》

○七品目（略式）…目録、長熨斗、金宝包、末広、友白髪、子生婦、寿留女

○五品目（略式）…目録、長熨斗、金宝包、末広、友白髪

関西式 一品ずつ別の台にのせるのが正式です。目録は品数に含みません。数は奇数にします。

○五品目（基本）…熨斗、末広、帯地料《おびじりょう》、柳樽料《やなぎだるりょう》、松魚料《まつおりょう》

○七品目…熨斗、末広、帯地料、高砂《たかさご》、柳樽料、松魚料、優美和《ゆびわ》（結美和）

○九品目…熨斗、末広、帯地料、高砂、子生婦、寿留女、柳樽料、松魚料、優美和（結美和）

関東式（九品目の場合）

関西式（九品目の場合）

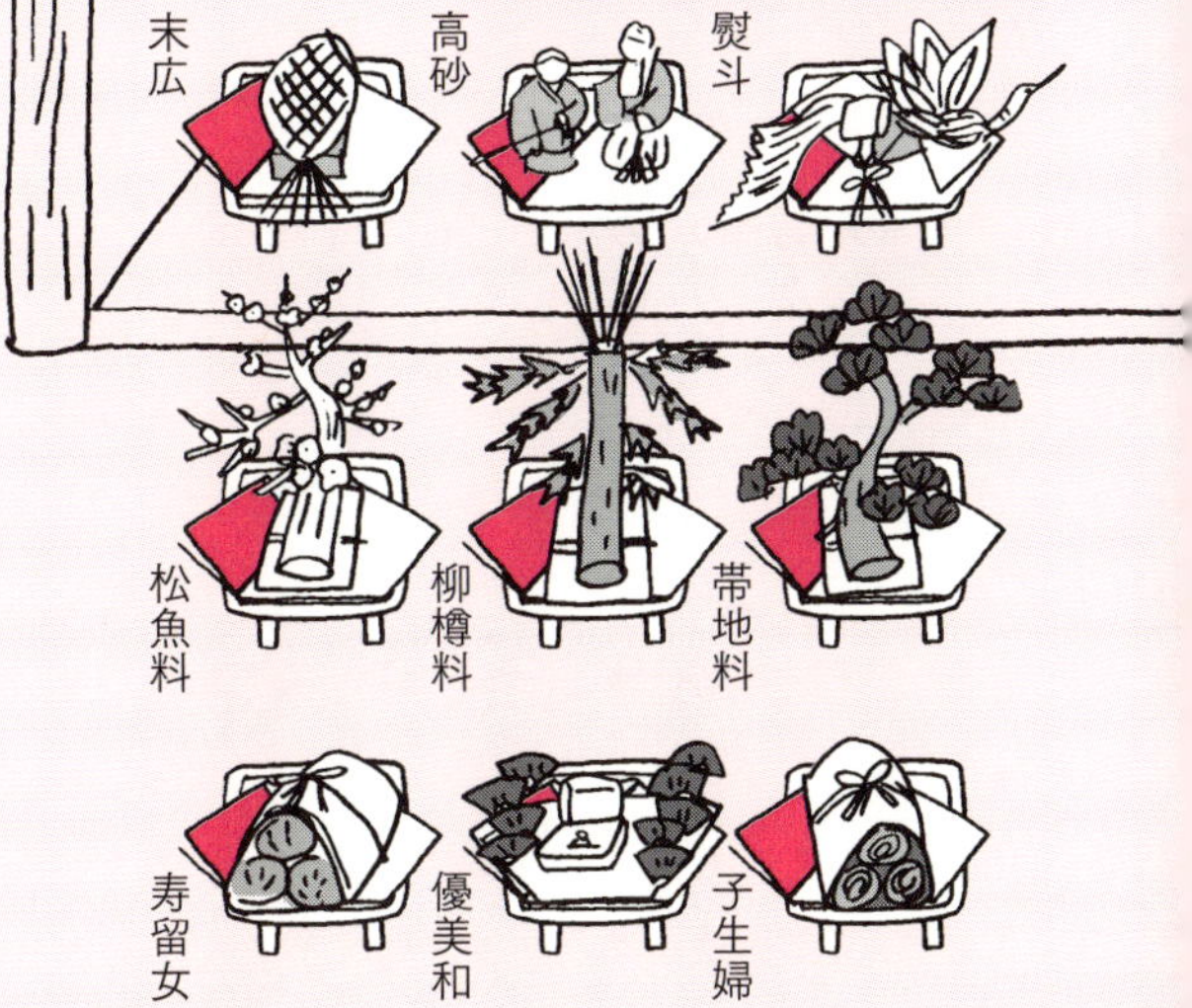

岡山は七品目に福槌《ふくづち》など二品を加えることもあります。**愛媛**は寿留女、子生婦のかわりに多美《たび》（料）、和《は》㐂《き》物《もの》（料）をつけます。高砂は必ずつけるものではなく、かわりに共《とも》志《し》良《ら》賀《が》をつけることもあります。

●結納の取り交わし方

仲人を立てない場合、以下が一般的な流れです。

関東式男性の父親が「幾久しく目出度《めでた》くお納めください」と挨拶し、女性の父親に結納品を渡します。女性側は「幾久しく目出度くお受けいたします」と受け取ります。次に、女性の父親が「幾久しく目出度くお納めください」と挨拶し、男性の父親に結納品を渡します。男性側は「幾久しく目出度くお受けいたします」と受け取ります。双方が受け取った結納品を床の間などに飾り、男性の父親が婚約確認の挨拶をします。

関西式男性側が結納品を飾ってから、式を始めます。男性の父親が「幾久しく目出度くお納めください」と挨拶し、女性側に結納目録を渡します。女性側は「幾久しく目出度くお受けいたします」と受け、受書《うけしょ》を渡します。次に、女性の父親が「幾久しく目出度くお納めください」と挨拶し、男性側に引出結納《ひきでゆいのう》（結納返し）目録を渡します。男性側は「幾久しく目出度くお受けいたします」と受け取り、婚約確認の挨拶をします。

○仲人《なこうど》へのお車代《くるまだい》やお膳料《ぜんりょう》

仲人へのお礼は結納時には行わず、挙式後に行う（119ページ）のが一般的ですが、それとは別に、結納の当日はお車代や、祝い膳を省いたときはお膳料を用意します。

関西地方お車代は男性側から、お膳料は女性側から用意することがあります。さらに、男性側から贈る結納金の1割を「おため」（117ページ）として女性側からお渡しします。

シチュエーション	表書き	のし、水引	アドバイス
結納当日のお車代として	御車代・お車代・御車料・お車料 ＊名入れは両家の連名で	のしあり 紅白または金銀10本結び切り ＊関西地方紅白または金銀7本結び切りの場合も	仲人の自宅から結納会場までのタクシー料金相当額で、きりのよい金額
結納の後、仲人の労をねぎらう料理のかわりに	御膳料 ＊名入れは両家の連名で	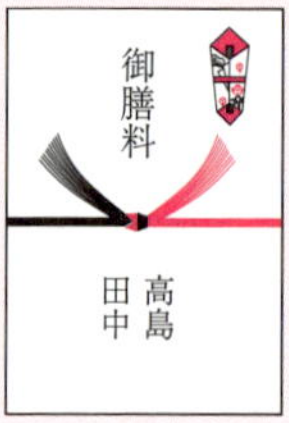	祝い膳を省略した場合に、現金を包む

MEMO

結納前後の贈り物

相手の家に招かれたり、挨拶に伺ったりする場合の手土産や贈答品は、結納前と後では水引が変わるので注意が必要です。ただし、必ずのしや水引が必要なわけではなく、リボンがけで整えてもかまいません。

京都 結婚式の1か月くらい前に、新婦が新郎のご先祖様と家族それぞれに贈り物をするならわしがあります（結婚式後については121〜122ページ参照）。

シチュエーション	表書き	のし、水引	アドバイス
結納前に嫁ぎ先の両親に贈り物をする	御土産・御挨拶・粗品 ＊名入れは新婦の姓のみ	のしあり 紅白5本蝶結び	菓子折りや酒など
結納後に嫁ぎ先の両親に贈り物をする	御土産・御挨拶 **名古屋・京都**寿 ＊名入れは新婦の名前のみ	のしあり 紅白または金銀10本結び切り ＊**関西地方**紅白または金銀7本結び切りの場合も	仕立券付きワイシャツ生地やハンドバッグなど ＊ご先祖様へはお線香を

＊いずれの場合も、表書きの左上に「御父上様」「御母上様」「御先祖様」とあて名を書きます。

結婚式

結《けっ》婚《こん》式《しき》のスタイル

神前結婚式…日本の伝統的なスタイルです。神社や神殿を設けているホテルや結婚式場でとりおこないます。列席するのは新郎新婦、両親、仲人（媒酌人《ばいしゃくにん》）、両家の親族までが一般的ですが、列席者の収容人数の多い式場もあります。衣装は新郎新婦とも和装で、新婦は文金高島田《ぶんきんたかしまだ》に白無垢、新郎は黒の紋付き羽織袴《はかま》が一般的です。

キリスト教結婚式（教会結婚式）…本来は、キリスト教徒が自分の所属する教会で行うものですが、信者でない場合でもチャペルを設けているホテルや結婚式場で挙式ができます。比較的大勢の列席者を収容することが可能です。衣装は洋装で、新婦が純白のウエディングドレスに対し、新郎は昼間の挙式ならモーニングコートを着用します。

仏前結婚式…先祖代々のお墓がある菩《ぼ》提《だい》寺《じ》か、その宗派のご本山で行います。衣装は新郎新婦とも和装で、新婦は白無垢、新郎は紋付き羽織袴が一般的です。

人前結婚式…家族や友人など日頃お世話になっている方々の前で結婚を誓うスタイルです。会場はホテルやレストランなど自由に選ぶことができ、自分たちらしい結婚式ができます。式の進め方や衣装にもこれといった決まりはなく、この形式では挙式に立ち会った全員がその結婚の証人となります。

海外での結婚式…さまざまな国で教会などを借りて挙式ができるようになり、新婚旅行を兼ねて海外で挙式する人も増えています。

披《ひ》露《ろう》宴《えん》のスタイル

着席会食形式…最も一般的な形式です。新郎新婦と仲人が上座のテーブルに、招待客はその前に用意されたテーブルに着席します。決められた場所に座って、落ち着いて会食できます。

ビュッフェ形式…周囲の方と歓談しながら立ったまま飲食をする形式です。席が決まっておらず、新郎新婦が会場内を自由に歩き回ることができるため、招待客も自由に声をかけ祝福できるという利点があります。

その他…友人などが発起人となって行う「会費制披露宴」があります。北海道地方で行われるのが有名ですが、この場合、新郎新婦は招待される立場になります。二次会にもよく用いられます。

○披露宴《ひろうえん》の席次《せきじ》

披露宴に招待する方の人数やメンバーは、両家同等にするか、新郎側のほうが多い場合が一般的です。席次は招待客の年齢、社会的地位、新郎新婦との間柄などに配慮して決定します。上座のメインテーブルには中央に新郎新婦、その両脇には仲人が座ります。メインテーブルに近いほど上席になるので、主賓、知人、友人、親族の順に並び、両家の両親は末席につきます。

引出物《ひきでもの》

もともと引出物は鰹節か紅白の干菓子で、披露宴の後に折り詰め料理と一緒に渡していました。現在では、記念品と引菓子（引出物として出すお菓子）をあわせた2品を引出物として贈るのが一般的です。また、鰹節や昆布（ご祝儀品）を3品目として贈ることもあります。挙式に参列してくださった方に対して感謝の気持ちを込めてお渡しします。

シチュエーション	表書き	のし、水引	アドバイス
披露宴の記念品	寿・壽 ＊名入れは両家の連名で、新郎の姓が右側。婿養子の場合は新郎が左側 ＊山陰地方両家連名より新郎新婦の名前を書くことが多い	のしあり 紅白または金銀10本結び切り	小鉢・銘々皿・プレート・カップ・スプーンなどの食器類・花瓶・置物などのインテリア用品・相手が自由に選べるカタログギフト
披露宴の引菓子	寿・壽 ＊名入れは新郎新婦の名前を書き、新郎が右側になるのが一般的 山陰地方記念品に名前を入れるので、引菓子は【寿】のみが一般的 東海地方3品目を準備する場合、引菓子には名入れなしのこともある		バームクーヘンなどの洋菓子や、ねりきりなどの和菓子 ＊現在では消費期限の極端に短いものは避ける場合が多い
記念品、引菓子以外に3品目として準備する場合	寿 ＊名入れしないのが一般的 東海地方新郎新婦の名前を披露するという意味の【名披露目】[なびろめ]とし、ふたりの名前を書いて、引菓子は名入れなしの場合も ＊山陰地方包装のみにすることが多い	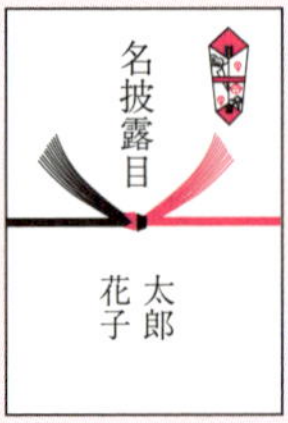	鰹節・昆布などのご祝儀品

◯引出物を決めるときに気をつけたいこと

・ご夫婦で出席していただいた場合、一般的には一世帯にひとつとします。地方によっては参列者ひとりにつきひとつのこともありますが、その場合はふたつあっても困らないものや別のものを贈ると喜ばれます。

・以前は列席者に一律同じ引出物を準備しましたが、最近は友人や親族など列席者別に2~3タイプ用意して、贈り分けすることも多くなっています。

・引出物に、地方の特産品を使用するなどのしきたりがあるところもあります。挙式をする場所や列席者に合わせて決めるようにしましょう。

・式場外で購入したものを引出物にすると、「持ち込み料」がかかる場合もあります。

結《けっ》婚《こん》祝《いわ》い

挙式・披露宴に招かれたら出欠にかかわらず結婚祝いを贈るのが礼儀です。

現在は結婚式当日に現金を持参するのが一般的ですが、本来は、現金でも品物でも挙式の1週間くらい前までのできるだけ早い時期に、よい日を選んで午前中に持参するのがマナーとされています。

シチュエーション
結婚祝いを贈る

表書き
寿
関西、山陰地方御結婚
御祝・御《お》贐《はなむけ》
＊名入れを連名にする場合、右側が目上の人になる

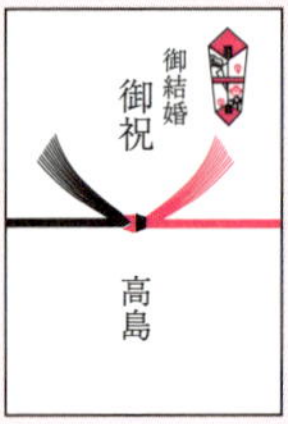

のし、水引
のしあり
紅白または金銀10本結び切り

アドバイス
新婚生活で必要な家庭用品や電化製品など。本人の希望を聞くのもよい

Q&A

Q 結婚祝いを贈るときに、割り切れる数のものは避けたほうがよいと聞きましたが、おそろいのカップ&ソーサーもダメなのでしょうか？

A 結婚祝いには、1・3・5・7といった奇数を用いるのが一般的で、割り切れる偶数は「割れる」「分かれる」につながるため、ふさわしくないとされていますが、最近では「2」は「ペア（夫婦）」という意味合いから縁起がよいとされています。ただし、偶数の中でも「4」は「死」に通じるため、特にタブーとされていますし、奇数でも「9」は「苦」を意味することから避けたほうがよい数字です。

Q 結婚祝いと出産祝いをあわせていただきました。お返しはどうしたらよいでしょうか？

A 結び切り（結婚内祝い）と蝶結び（出産内祝い）では意味が異なりますので、本来、お返しはひとつにまとめずに別々にするものです。まとめてお返しする場合は、結婚の内祝い、もしくは出産の内祝いのどちらかの掛紙をかけ、メッセージカードを添えて両方のお返しを兼ねていることをお伝えします。一般的には、表書きを【出産内祝】【出産之内祝】として子供の名前を伝えることが多いようです。

Q 結婚式の直後に破談になった場合、いただいたお祝いはどうしたらいいでしょうか？

A 結婚式のお返しは、本来なら紅白10本結び切りで【内祝】としますが、このような場合は、紅白5本結び切りで【御礼】、もしくは掛紙なしでお返しします。紅白5本結び切り、のしなしの体裁で【お詫び】とし、本人の手紙を入れる場合もあります。また、金額は全額お返しする場合もあります。

なお、結婚式の直前に破談になった場合、すでにお祝いをいただいていたら、金額と同額の金券に菓子折りをつけてお返しします。掛紙に抵抗がある場合は、何もかけずに贈ります。

MEMO

お祝いの当日返し「おため」

関西地方では、お祝いのときにいただいたお祝い金の1割を返礼として、その場でお渡しする「おため」「おうつり」という習慣があり、その際に同封する半紙のことを「おため紙」「移利紙《わたりがみ》」といいます。

昔は、贈り物を持ってご主人のお供をしてきた丁稚《でっち》さんにお駄賃を渡す風習がありました。ここから、半紙などのおため紙とともに1割のお金をお返しするようになったといわれています。交通費のような意味合いのほか、最近では、喜びのおすそ分けという意味も大きいようです。

なお、おためをお渡ししても、結婚祝いのお返しの金額は、おため分は引かずに半返しにするのが一般的です。

また、京都では、同封する半紙のことを「溜め紙《たがみ》」「御為《おため》」「お多芽《ため》」ともいいます。

さらに、「おため返し」という風習があって、1万円のお祝いをいただいたら、その場で千円を「お多芽」としてお返しし、後日、5千円のお返しをお渡しする際に、受け取ったほうが千円を返します。すると、おため分は相殺され、結果として半返しになります。

東海地方では、現金をお返しする風習がありませんが、お祝いに来られた方には、おためとして祝儀袋のセットや懐紙のセットをお渡しします。

関東地方では、お祝いをいただいた返礼に懐紙を用いるところもあります。婚礼時に限っては、半紙二張を入れることから「夫婦紙《めおとがみ》」「和合紙《わごうし》」「抱き合わせ紙」ともいいます。

結婚式の後

結《けっ》婚《こん》祝《いわ》いのお返《かえ》し

お祝いをいただいたのに披露宴に出席されない方には式の後、お返しの品を贈ります。

シチュエーション
結婚祝いのお返しをする

表書き
内祝・結婚之内祝・結婚内祝・寿
＊関西地方四文字を避けるため【結婚内祝】ではなく【結婚之内祝】を使うが、京都ではどちらも使う
＊名入れは①結婚後の姓のみ②ふたりの名③新婦の旧姓④新姓と両名の名(旧姓を添える場合もある) などさまざま
＊【寿】は両家の連名で

のし、水引
のしあり
紅白または金銀10本結び切り

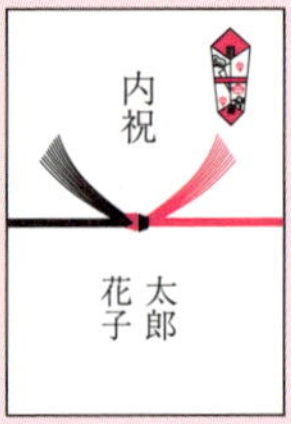

アドバイス
食器やタオルなどの実用品・お祝いをくださった方のお好みのもの
＊内祝いは式から1か月以内に贈るのがよい

お世話《せわ》になった方《かた》へのお礼《れい》

○仲人《なこうど》（媒酌人《ばいしゃくにん》）へのお礼《れい》

本来は結婚式の翌日以降あらためて両家でお礼にお伺いするのが正式ですが、挙式当日にお礼をすることも多いようです。お礼の金額は、どの範囲でお願いしたのか、あるいは両家との関係の深さによって多少変わりますが、お祝いとしていただいた金額より多く差し上げるのが礼儀です。

シチュエーション	仲人へのお礼
表書き	御礼・寿 京都 御礼 ＊名入れは両家の連名で、新郎の姓が右側
のし、水引	のしあり 紅白または金銀10本結び切り ＊関西地方 紅白または金銀7本結び切りの場合もある
アドバイス	結納から披露宴まですべてお世話になった場合のお礼は結納金の1～2割程度といわれる。挙式・披露宴だけの仲人(媒酌人)の場合は、いただいたお祝い金の2～3倍くらい

シチュエーション	表書き	のし、水引	アドバイス
仲人や来賓へのお車代	お車代・御車代・お車料・御車料・寿 ＊名入れは両家の連名で、新郎の姓が右側 ＊京都来賓へは両家別にすることがある	のしあり 紅白または金銀10本結び切り ＊関西地方、山陰地方紅白または金銀7本結び切りの場合もある	それぞれの自宅から結婚式会場までのタクシー往復料金相当額で、きりのよい金額

○式《しき》場《じょう》や諸《しょ》係《がかり》の方《かた》へのお礼《れい》

お寺や神社、教会へは挙式料とは別にお礼をする場合があります。また、結婚式場で、式当日にお世話いただく係の人には「御祝儀」を出すのが一般的です。

シチュエーション	表書き	のし、水引	アドバイス
お寺や神社へ挙式料とは別にお礼をする	○お寺：御礼・寿 ○神社：御礼・初穂料《はつほりょう》・玉串料《たまぐしりょう》 ＊名入れは両家の連名で、新郎の姓が右側	のしあり 紅白または金銀10本結び切り または白無地袋 ＊関西地方、山陰地方紅白または金銀7本結び切りの場合もある	

教会へ挙式料とは別にお礼をする	献金・御礼 ＊名入れは両家の連名で、新郎の姓が右側	白無地袋	オルガン奏者や聖歌隊へのお礼も必要になる
美容師、式場係等への心づけ	御礼・寿・御祝儀 ＊名入れは両家の連名で、新郎の姓を右側 ＊新婦のみがお世話になる美容師などは新婦の旧姓	のしと紅白10本結び切りを印刷した小型ののし袋（ポチ袋） ＊関西地方、山陰地方紅白または金銀7本結び切りの場合もある	

実《じっ》家《か》への挨《あい》拶《さつ》

実家や嫁ぎ先に挨拶に伺うときは、家族ひとりひとりに、親類には一家族一品ずつ、手《て》土産《みやげ》を準備します（場合によっては、ご先祖様にも）。昔は荷送りのときに、新郎の父親には袴地《はかまじ》、母親には白生地や帯などを贈りました。白い布には、清純な気持ちで今後は嫁ぎ先のどのような家風にも染まる覚悟を意味しています。

京都 新郎の実家への挨拶は結婚前にすませておく（107ページ）。

シチュエーション	表書き	のし、水引	アドバイス
新郎の実家への挨拶（嫁ぎ先への手土産）	寿・御土産 ＊名入れは新婦の名前	のしあり 紅白または金銀10本結び切り	父親にはワイシャツ生地・ベスト・カーディガンなど。母親にはショール、帯締めなど
新郎の親類への挨拶	寿・御土産 京都おみやげ ＊名入れは夫婦の名前		
新婦の実家への挨拶（里帰り）	寿・御土産 京都おみやげ 山陰地方おみやげ・お土産 ＊名入れは新郎の名前	＊関西地方紅白または金銀7本結び切りの場合もある ＊山陰地方奉書で水引をかける場合もある ＊京都水引が金銀7本の場合もあるが、掛紙の場合は紅白10本を使用	
嫁ぎ先のご先祖様への挨拶	上 ＊左上に「御先祖様」と書く。名入れは新婦の名前 ＊東海地方【御先祖様】という表書きも使用する	のしなし 紅白または金銀10本結び切り ＊のしありの場合もある	仏式では線香、神式では和ろうそく

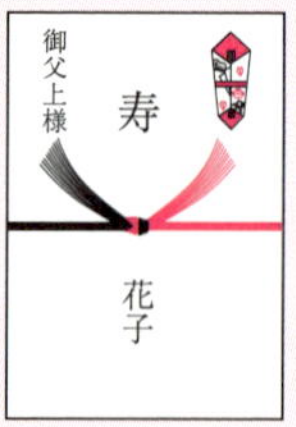

＊いずれの場合も、表書きの左上に贈る人の続き柄や名前を書きます。父親、母親…「御父上様」「御母上様」／ご先祖…「御先祖様」／兄や姉（ふたり以上の場合）…「〇〇御兄上様」「〇〇御姉上様」／兄や姉（ひとりの場合）…「御兄上様」「御姉上様」／弟または妹…「〇〇様」／おじ、おば…「〇〇伯父様」「〇〇叔父様」「〇〇伯母様」「〇〇叔母様」／甥または姪…「〇〇ちゃん」

ご近《きん》所《じょ》への挨《あい》拶《さつ》回《まわ》り

新婚旅行から帰ったら、後日、近所に挨拶回りをします。

関西以西、山陰地方新郎の両親と同居の場合、新婦の名前を入れ、新婦と新郎の母が一緒に挨拶回りをすることが多くあります（新郎が一緒に行くこともあります）。

シチュエーション	表書き	のし、水引	アドバイス
新郎の両親と同居する場合のご近所への挨拶	寿・ご挨拶・内祝 東海地方名披露目《なひろめ》 ＊名入れは新婦の名前	のしあり 紅白または金銀10本結び切り ＊関西地方紅白または金銀7本結び切りの場合も ＊山陰地方奉書で水引をかける場合もある	鰹節・紅白まんじゅう・砂糖・タオル・布巾・風呂敷など
新郎新婦ふたりだけの新居の場合の引越の挨拶	ご挨拶・粗品 ＊名入れは新姓	のしあり 紅白5本蝶結び	菓子折りなど

結《けっ》婚《こん》記《き》念《ねん》日《び》

結婚記念日はイギリスで始まった習慣で、結婚した日を記念して祝うものです。日本では明治27年に明治天皇が「大婚25年祝典」をされた後、一般化しました。年数や名称は諸説ありますが、1年目はまだ紙のようにもろい関係が、年とともにだんだん堅固になり、最後に、これ以上硬い石がないダイヤモンドにたどりつくとされます。

なお、結婚10年目くらいまでは夫婦中心で祝いますが、銀婚式や金婚式になると、子供たちや友人が中心になり、パーティーを開いて祝うこともあります。

1年目　紙婚式
2年目　綿《わた》婚式（藁《わら》婚式）
3年目　革婚式
4年目　書籍婚式（花婚式）
5年目　木《もく》婚式
6年目　鉄婚式
7年目　銅婚式（果実婚式）
8年目　青銅婚式
9年目　陶婚式（陶器婚式）
10年目　錫《すず》婚式（アルミニウム婚式）
11年目　鋼鉄《こうてつ》婚式
12年目　絹婚式（麻婚式）
13年目　レース婚式
14年目　象牙《ぞうげ》婚式

15年目　水晶婚式　20年目　磁器婚式
25年目　銀婚式　30年目　真珠婚式（パール婚式）
35年目　珊瑚《さんご》婚式（ひすい婚式）　40年目　ルビー婚式　45年目　サファイア婚式
50年目　金婚式　55年目　エメラルド婚式
75年目　ダイヤモンド婚式（プラチナ婚式）＊イギリスでは60年目

シチュエーション	表書き	のし、水引	アドバイス
結婚25年目のお祝いを贈る	銀婚式御祝・御銀婚御祝・祝 銀婚式	のしあり 紅白または金銀5本蝶結び またはリボンとカード	それぞれの記念日の名前にちなんだ贈り物のほか、ちょっと豪華なレストランでの食事券や旅行券などでも
結婚50年目のお祝いを贈る	金婚式御祝・御金婚御祝・祝 金婚式	＊地方により紅白または金銀10本結び切り	
お返し	内祝・〇〇式記念・〇〇式内祝 ＊名入れは夫婦連名		内輪のお祝いでは必要ないが、お客様を招いた場合、記念になる引出物を用意する

COLUMN

慶事《けいじ》・弔事《ちょうじ》の礼装《れいそう》

結婚式やパーティー、記念式典、お葬式など、公式の場や社交の場には、相手を敬い、思いやる心の表現として礼装（フォーマルウェア）で出席するのがマナーです。最近では簡略化されることもありますが、正式には以下のように、その場の格式やスタイル、自分の立場、時間に合わせ（洋装の場合は午後5〜6時を境にして昼と夜の装いを区別）、正礼装、準礼装、略礼装を着分けます。

正礼装…格式が高いとされる場所で行われる結婚式や披露宴、記念式典（創立記念、落成式など）、公式行事（叙勲《じょくん》、園遊会）、葬儀、告別式、社葬、また、ホテルや式場、レストランなどでの着席パーティーのときに着用します。

準礼装…一般的な結婚式や披露宴、祝賀会、通夜、葬儀、告別式ほか、ホテルやレストランでのビュッフェスタイルのパーティーなどで着用します。

略礼装…形式にこだわらない結婚式や披露宴、二次会、「平服指定」のパーティー、通夜、弔問、法要、お別れの会、クリスマスやバースデーパーティー、親しい人たちとの集まりなどに着用します。音楽会や観劇、レストランでの食事のときなどの装いでもあります。

＊服装指定がある場合…招待状に「ホワイトタイ」とあれば燕尾服《えんびふく》、「ブラックタイ」とあればタキシード（英国ではディナージャケットという）にし、「平服で」とあれば準礼装または略礼装にします。女性もそれに準じます。

●和装の場合

男性の正礼装は「黒紋服《くろもんぷく》」、準礼装は「色紋服《いろもんぷく》」、略礼装は「略紋服《りゃくもんぷく》」で、慶弔の区別はありません。

女性の慶事の場合は、既婚の正礼装が「黒留袖《くろとめそで》」「色留袖《いろとめそで》」、未婚が「振袖《ふりそで》」になります。準礼装は既婚・未婚の区別なく「色無地紋付《いろむじもんつき》」「訪問着《ほうもんぎ》」、略礼装は「付下《つけさげ》」「色無地《いろむじ》」「小紋《こもん》」。

弔事の場合は、一般的には既婚・未婚の区別なく正礼装は「黒無地五つ紋」、略礼装は「色無地三つ紋または一つ紋」です。

慶事でのシーン別・立場別の装い（洋装）

フォーマル度高い　正式 →

		正礼装・昼	正礼装・夜	正礼装・夜	準礼装・昼
男性		モーニングコート	燕尾服《えんびふく》	タキシード	ディレクターズスーツ
女性		アフタヌーンドレス	イブニングドレス		セミアフタヌーンドレス
個人的な式など	主催者・本人	結婚式・披露宴	結婚式・披露宴	結婚式・披露宴・パーティー・クルーズ・晩餐会・音楽会	結婚式・披露宴・その他の会や式
	参列者	結婚式・披露宴		結婚式・披露宴・パーティー・クルーズ・ディナーショー・晩餐会・音楽会	結婚式・披露宴
公的な式など	主催者・本人	叙勲・園遊会・記念式典・祝賀会・入学式・卒業式・成人式・謝恩会	大綬章親授式［だいじゅしょうしんじゅしき］（昼）・ノーベル賞・宮中晩餐会［きゅうちゅうばんさんかい］・記念式典・祝賀会・舞踏会・音楽会	表彰パーティー・記念式典・レセプション・祝賀会・晩餐会・披露宴	記念式典・祝賀会・入園式・卒園式・謝恩会
	参列者	叙勲・園遊会	大綬章親授式（昼）・ノーベル賞・宮中晩餐会・記念式典・祝賀会・舞踏会・音楽会	表彰パーティー・記念式典・レセプション・祝賀会・晩餐会・披露宴	記念式典・祝賀会・園遊会・謝恩会

フォーマル度低い　社交的 ←

		ブラックスーツ	タウンフォーマルウエア	結婚式・披露宴・同窓会・長寿会・お宮参り・七五三・その他の会や式	結婚式・披露宴・お受験・その他の会や式・平服指定	記念式典・祝賀会・入園式・卒園式・謝恩会・その他の会や式	記念式典・祝賀会・園遊会・入園式・卒園式・謝恩会・入学式・卒業式・成人式・その他の会や式・平服指定
	夜	ファンシータキシード	ディナードレス	結婚式・披露宴・クリスマスパーティー	結婚式・披露宴・パーティー・クルーズ・ディナーショー・クリスマスパーティー	記念式典・レセプション・祝賀会・表彰パーティー・謝恩会	記念式典・レセプション・祝賀会・表彰パーティー・謝恩会
	夜	ファンシースーツ	カクテルドレス	結婚式・披露宴・クリスマスパーティー	結婚式・披露宴・レセプション・パーティー・クルーズ・ディナーショー・クリスマスパーティー		記念式典・レセプション・祝賀会・表彰パーティー・謝恩会
略礼装	昼	ダークスーツ・ブレザー＆スラックス	インフォーマルウエア	結婚式・披露宴・結婚式の二次会・同窓会・長寿会・お宮参り・七五三	結婚式・披露宴・結婚式の二次会・お受験・同窓会・長寿会・お宮参り・七五三・平服指定	記念式典・祝賀会・入園式・卒園式・謝恩会・その他の会や式	記念式典・祝賀会・園遊会・入園式・卒園式・謝恩会・成人式・その他の会や式・平服指定
	夜	ダークスーツ・ジャケット＆スラックス		結婚式の二次会・同窓会・長寿会・ディナーショー・その他の会や式・平服指定	結婚式の二次会・同窓会・長寿会・音楽会・ディナーショー・その他の会や式・平服指定	記念式典・レセプション・祝賀会・表彰パーティー・謝恩会・その他の会や式・平服指定	記念式典・レセプション・祝賀会・表彰パーティー・謝恩会・その他の会や式・平服指定

＊一般に女性は男性のドレスコードに合わせます。
＊ふたつの選択肢がある場合は、原則として、主催者の意向または式場の格の高さによって判断します。

慶事のフォーマルウエアの装い例

男性

正礼装

昼

黒の**モーニングコート**（A）と呼ばれる上衣、共生地またはグレーのベスト、黒とグレーの縞柄のコールズボン。

A

夜

すべてを白と黒でまとめた**燕尾服**《えんびふく》（B）。または、黒蝶タイ、黒カマーバンドか黒ベストをコーディネートした**タキシード**。

B

準礼装

昼

ディレクターズスーツ（C）は、シングルかダブルの黒かダークグレーのジャケットに、明るめの縞柄のコールズボン。または、上下とも黒の**ブラックスーツ**。

C

夜

黒やミッドナイトブルー以外の色、柄、素材で作られた**ファンシータキシード**（D）。または、光沢のある素材で作られたドレッシーな**ファンシースーツ**。

D

略礼装

無地をベースにしたチャコールグレーかミッドナイトブルーの**ダークスーツ**(E)。昼夜を問わず着用できる。または、フォーマル感のある**ブレザー&スラックス**。

E

色合いを感じさせる光沢感のある**ダークスーツ**。または、ベルベット素材などの**ジャケット&スラックス**（F）。

F

女性

昼

正礼装

衿元をあまり開かず、長袖か七~八分袖で肌の露出が少ない**アフタヌーンドレス**（G）。ワンピースが正式だが、アンサンブルやツーピースも可。

G

夜

胸元や背中、肩が開いたワンピーススタイルの**イブニングドレス**（H）。床までのフロア丈、または、靴先が見えるヒール丈が一般的。

H

準礼装

ワンピース・アンサンブル・ツーピースなどのフォーマル感のある**セミアフタヌーンドレス**（I）。または、上品なパンツスーツなどの**タウンフォーマルウエア**。

I

衿なしで袖のついたロング丈の**ディナードレス**（J）。または、ノーマル丈からミディ丈の**カクテルドレス**や**カクテルスーツ**。

J

略礼装

上下の素材が異なるコーディネートで、ドレスアップしたパンツスタイルなどの**インフォーマルウエア**（K）。

K

ドレッシーなワンピース・ブラウス&スカート・パンツなどの**インフォーマルウエア**（L）。

L

弔事でのシーン別・立場別の装い（洋装）

フォーマル度高い　正式 ⟷ 社交的　フォーマル度低い

		正喪服（昼）	準喪服（夜・昼）	略喪服（夜・昼）
男性		モーニングコート（黒上衣、白衿を外した黒ベスト、縞柄のコールズボン、黒ネクタイ）	ブラックスーツ（シングルかダブルの黒のスーツ・黒ネクタイ）	ダークスーツ（無地をベースにしたダークグレー、ミッドナイトブルーなどのスーツ）
女性		ブラックフォーマルドレス（黒のロング丈のワンピース・ツーピース・アンサンブル）	ブラックフォーマルスーツ（黒のミディ丈のワンピース・ツーピース・アンサンブル。女性の一般的な喪服にあたる）	ダークスーツ（濃色のワンピース・ツーピース・パンツスーツなど上下同素材のもの）
個人的な式	主催者・本人	葬儀・告別式・お別れの会・偲ぶ会	生前葬・通夜・葬儀・告別式・家族葬・密葬・法要・法事・一周忌・三回忌・お別れの会・偲ぶ会	
	参列者		通夜・葬儀・告別式・家族葬・密葬・法要・法事・一周忌・三回忌・お別れの会・偲ぶ会・平服指定	生前葬・弔問・通夜・法要・法事・お別れの会・偲ぶ会・平服指定
公的な式	主催者・本人	社葬・公葬	社葬・通夜・葬儀・告別式・法要・法事・一周忌・三回忌・お別れの会・偲ぶ会	
	参列者	社葬・公葬	社葬・通夜・葬儀・告別式・法要・法事・一周忌・三回忌・お別れの会・偲ぶ会・平服指定	生前葬・弔問・通夜・法要・法事・お別れの会・偲ぶ会・平服指定

取材協力／一般社団法人 日本フォーマル協会

第4章 そのほかのお祝い事やおつきあい

訪問《ほうもん》・ご挨拶《あいさつ》・手土産《てみやげ》

一般的に他家を訪問する際には、ご挨拶の品や手土産を持参します。特に、招待された場合や上司宅を訪れるときなど、あらたまった訪問の場合、手土産は欠かせません。

シチュエーション	表書き	のし、水引	アドバイス
ご挨拶の品や手土産を持参する	粗品・粗・粗菓《そか》・御挨拶／無地のし	のしあり 紅白5本蝶結び	菓子などの食品・酒
目上の方へ	御伺い		

謝礼《しゃれい》・贈答《ぞうとう》

お世話になった方へ、心ばかりのお礼をするときには謝礼として金品を贈ります。136～137ページも参考に、相手や場面に合わせて、表書きの言葉を使い分けます。

シチュエーション	表書き	のし、水引	アドバイス
お礼をする	御礼・謝礼・謹謝・薄謝／無地のし	のしあり 紅白5本蝶結び   →無地のし	菓子などの食品・家庭用品 ＊表書きの使い分けは、次ページを参照
目上の人へ	謹呈・粗品・御礼		
目下の人へ	寸志・松の葉・みどり ○現金の場合：薄謝 ○女性が贈る場合：まつのは		
慶弔、お見舞い以外で会社や団体などに品物を贈る	贈呈・贈		
賞金や寄付金を金額を明示せず贈る	金一封		

MEMO

一般的な贈答の表書きと用途

表書き	用途
御礼	一般的なお礼
粗品	訪問する際の手土産や目上の人にささやかな品物を贈るときに使用。「へりくだった」という意味なので、高価で立派なものには使用しない
御伺い	目上の人を訪問する際の手土産に使用
松の葉・みどり	松の葉に包むほどわずかであるということで、「ちょっとしたもの」という意味。目下の人への贈り物に使用
まつのは	目下の人への贈り物に女性のみ使用
薄謝《はくしゃ》	ちょっとしたお礼やお返しに現金を贈る場合に使われることが多い。謝礼の謙譲語で「わずかな謝礼」の意味
寸志	目下の人へ金品を贈る場合に使われるが、目下といっても年齢ではなく、公的な関係で上下関係にある場合に使用

謹呈《きんてい》	「謹んで差し上げます」という気持ちで品物を贈る場合、目上の人や社会的立場の違う人に贈る場合に使用
贈呈・贈	慶弔、お見舞い以外で会社や団体などに品物を贈る場合に使用。目上の人には使わないほうがよい
上	基本的には目上の人または神仏、先祖に対するときに使用
心ばかり	「ちょっとしたものですが、どうぞ」という気持ちで品物を贈る場合

Q&A

Q 【粗品】と【寸志】はどう使い分けるのですか？

A 一般的な贈り物の表書きには、「ささやかな」という気持ちから【粗品】が使われます。一方、【寸志】にも「心ばかりの」という意味がありますが、こちらは、目上の人から目下の人へ贈る場合にのみ使うものです（【粗品】は、立場に関係なく使えます）。

昇《しょう》進《しん》・栄《えい》転《てん》（栄《えい》進《しん》）

昇進、栄転（栄進）が決まった方へのお祝いです。知らせを聞いたら、早い時期（1週間前後）に贈ります。

シチュエーション	表書き	のし、水引	アドバイス
昇進・栄転・就任のお祝いを贈る	ご昇進御祝・祝 御昇進・ご栄進御祝・祝 御栄進・御昇格御祝・祝 御昇格・御就任御祝・祝 御就任・ご栄転御祝・祝 御栄転 ○社長就任の場合：社長御就任御祝	のしあり 紅白5本蝶結び 	相手の好みがわからない場合は日本酒や紅白ワインが無難。ほかにビジネス関連の品や相手の趣味の品など
お返し	御礼・粗品・内祝		

＊お返しは一般的にはしませんが、最近はする方もいます。
＊表書きの意味　昇進…職階や地位が上がること　栄進…高い地位に進むこと　栄転…高い地位や職に転任すること
昇格…格が上がること　就任…新しく取締役などの高い地位・役職につくこと

転《てん》勤《きん》・海《かい》外《がい》への赴《ふ》任《にん》・転《てん》居《きょ》・旅《りょ》行《こう》

転勤の際、栄転かどうかわからない場合や単に転勤の場合には、お祝いではなく、【御餞別《おせんべつ》】または【御礼】として転勤前までに贈るのが一般的です。また海外赴任、海外転居、海外旅行の場合には、荷物が多くなるので、品物より現金のほうが喜ばれます。金額は国内の場合より多めにしましょう。

旅行の餞別は目上の人には必要ありません。ただし、海外赴任などで一家揃って転居する場合は、たとえ相手が目上であっても現金を贈るようにします。

シチュエーション	表書き	のし、水引	アドバイス
転勤・転居・旅立つ方へのお餞別	御餞別・御贐《おはなむけ》・おはなむけ・御礼・祈念順風満帆	のしあり 紅白5本蝶結び  	品物の場合、国内なら菓子・酒など、海外ならのり・お茶・梅干しなど

＊お返しは不要ですが、特に礼をつくしたい場合は【御礼】【粗品】として贈っても。

定《てい》年《ねん》退《たい》職《しょく》

長い年月を無事に勤めあげられたことは意義深いものです。周囲の人の温かい心遣いにより、その労をねぎらい、心からお祝いしてあげましょう。

最近は定年＝リタイアとは限りません。その会社を定年退職されても別なところで仕事をする、新しく事業を始めるという場合もあるので、相手に合わせた品物を贈ります。

シチュエーション

定年退職する人へ

表書き

御退職御祝・御定年御祝・退職之記念・御《お》餞《せん》別《べつ》・御《お》贐《はなむけ》・記念品・御祝・御礼

○会社・団体からの場合：謹呈

○公務員の場合：御退官御祝

○官職を辞める場合：御《ご》挂《けい》冠《かん》御《お》祝《いわい》

のし、水引

のしあり

紅白５本蝶結びまたは結び切り

アドバイス

趣味の品・レジャー用品・在職中の写真で綴った手作りのアルバムなど

お返し	御礼・内祝・粗品・感謝・松の葉	のしあり 紅白5本蝶結び	お返しは基本的には不要だが、簡単な挨拶状と共に、ちょっとしたお菓子などを贈っても
定年ではなく、退職する人へ	御礼・御贐・御餞別		途中退職の場合、お祝いは不適当。感謝の印としてお礼やはなむけの品を

開《かい》店《てん》・開《かい》業《ぎょう》祝《いわ》い

新たにお店を開いたり、事務所や医院を開業された方から、開業の連絡や披露パーティーへの招待状を受け取った場合には、励ましの言葉とともにお祝いの気持ちを伝えましょう。お招きした側は、事業PRのいいチャンスになるので、店名や電話番号などを入れた記念品を用意します。ただし、名入れは贈られた人の気持ちに配慮し、あまり大きすぎないようスマートに入れたほうが喜ばれますし、使ってもらえるでしょう。体裁は宣伝を兼ねて「上《うわ》のし」（232ページ）にし、店名や会社名を入れます。

シチュエーション	表書き	のし、水引	アドバイス
開店・開業のお祝いを贈る	御開店御祝・祝 御開店・御開業御祝・祝 御開業	のしあり 紅白5本蝶結び 	インテリア用品・観葉植物・花などお店や事務所の雰囲気に合ったもの
開店披露の記念品やお祝いのお返し	開店記念・開店之記念・開店内祝・粗品・開業内祝・記念 ＊名入れの部分には店名や会社名を入れ、上のしにすることが多い		開店の業種に関係のあるもの ＊店名や電話番号なども入れておくとよい

＊お返しは、披露パーティーに招き、引出物を渡すことでかえるのが一般的です。

会社《かいしゃ》の記念行事《きねんぎょうじ》（創業《そうぎょう》記念《きねん》・落成式《らくせいしき》）のお祝《いわ》い

会社の記念行事には、創業記念、落成式、支社の開設、入社式、各種表彰式などがあります。創業記念は毎年1回ありますが、十周年、二十周年、五十周年といった節目には、盛大な式典を行うこともあります。

落成式は、新社屋の完成を記念して、会社の業績の発展を内外に示すことを目的に行います。

シチュエーション	表書き	のし、水引	アドバイス
創業記念・落成式にお祝いを贈る	創業○周年御祝・御落成御祝・御竣工御祝	のしあり 紅白5本蝶結び 	絵画・花瓶・置物など会社で飾ってもらえるもの
お返し	創業○周年記念・新社屋完成記念・事務所開設内祝		当日の引出物（記念品）をお返しにかえる。品物は会社の業種に合わせたもの（例：事務機器メーカーの場合、文房具など）。編纂［へんさん］した社史を添えることも

地《じ》鎮《ちん》祭《さい》

地鎮祭とは土木工事や建築にとりかかるにあたり、その土地の鎮守の神や地主の神を祝って敷地を清め、工事中の安全と無事に完成すること、そして建築物が永く建っていられることを願うお祭りです。『日本書紀』にも持統天皇の御代《みよ》（691年）に「鎮め祭る」として出てくる歴史ある儀式です。一般的には神式で神主が行いますが、仏式・キリスト教式で行ってもかまいません。吉日を選び、午前中にとりおこないます。地鎮祭に関することは、神主や工事関係者に相談するとよいでしょう。

なお、家の新築は、地鎮祭⇩上棟式（棟上式）⇩新築祝い⇩新築披露の順が通例です。

シチュエーション	表書き	のし、水引	アドバイス
地鎮祭に招かれたときのお祝い	地鎮祭御祝・御祝・奉《ほう》献《けん》	のしあり 紅白5本蝶結び または奉書に水引	日本酒・ビール・ワインなどの酒類・菓子・果物
お返し	地鎮祭内祝・地鎮祭記念・内祝・記念 ○神事の引出物：撤《てっ》饌《せん》	のしあり 紅白5本蝶結び	赤飯・鰹節・紅白まんじゅう・のりなど

神主や神社へ地鎮祭のお礼をする	○金封の場合：御神饌《ごしんせん》料《りょう》・御玉串料《おんたまぐしりょう》・御初穂《おんはつほ》料《りょう》・御祈禱料《ごきとうりょう》 ○品物の場合：御礼・奉献・奉納	のしあり 紅白5本蝶結びまたは白無地袋	＊黒白や黄白の水引に【御玉串料】と印刷された掛紙や袋は弔事用なので注意する
地鎮祭の日に工事関係者に祝儀（お金）を渡す	御祝儀・地鎮祭記念・地鎮祭内祝 ○酒を出す場合：御車料	のしと紅白5本蝶結びを印刷した小型ののし袋（ポチ袋）	
工事を始める前に近所に挨拶回りをする	御挨拶・粗品 ＊名入れする場合は、工事関係者名、または施主名を書く	のしあり 紅白5本蝶結び	タオル・コースター・鍋つかみ・箸置きなどの台所用品や菓子折りなど

上《じょう》棟《とう》式《しき》（棟《むね》上《あげ》式《しき》）

上棟式は建物の骨格となる柱を立て終え、最後の棟上げをする際に完成までの安全と建物の堅固長久《けんこちょうきゅう》を祈願する儀式で、建前《たてまえ》、棟上式ともいいます。家屋の守護神を祀《まつ》り、棟《むね》（屋根の頂部）に御幣《ごへい》（お祓《はら》いのときに用いるもの）や魔除けの扇を飾って、悪霊を防ぎます。本来は地鎮祭と同様に神主のお祓いを受けますが、昨今は神主にかわって棟《とう》梁《りょう》がとりおこなうのが一般的です。大工、とび職、左官などの建築関係者の労をねぎらい、現場で酒席を設けます。上棟式に用意するのは、酒と簡単な酒の肴と祝儀です。祝儀は各地方により異なりますが、棟梁や工事責任者は大工、とび職、左官の3倍の金額といわれています。身内を招待する場合があり、招かれた場合は棟上祝いを持参します。

最近では自動車で通う職人が多いことから、現場で酒席を設けず、瓶詰めの清酒と折り詰めを渡す場合もあります。

シチュエーション	表書き	のし、水引	アドバイス
上棟式に招かれたときのお祝い	上棟式御祝・御上棟御祝・祝上棟・御祝 山陰地方 建瑞《けんずい》	のしあり 紅白5本蝶結び または奉書に水引	日本酒などの酒類・菓子・果物
お返し	内祝・上棟式記念 ○神事の引出物：撤饌《てっせん》	のしあり 紅白5本蝶結び	赤飯・鰹節・紅白まんじゅう・のりなど

神官や神社へ上棟式のお礼をする	○金封の場合：御神饌《ごしんせん》料《りょう》・御祈禱《ごきとう》料《りょう》 ○品物の場合：御礼	のしあり 紅白5本蝶結び または白無地袋	
上棟式の日に工事関係者に祝儀（お金）を渡す	御祝儀・上棟式記念・上棟式内祝 ○酒を出す場合：御車料	のしと紅白5本蝶結びを印刷した小型ののし袋（ポチ袋）	工事関係者への祝儀は地鎮祭より多めにする

新《しん》築《ちく》祝《いわ》い

家屋が完成したら、親戚・知人・世話になった方々を招いて、新居を披露します。外観も家の中も見てもらいやすいよう、明るい時間に設定し、軽食やお酒、おつまみ程度でおもてなしをします。

新築披露に招かれた側は、お祝いを持参して伺います。相手の好みを聞き、数人で集まって少し値が張るものを贈るのもよいでしょう。または、お金を包みます。

シチュエーション	表書き	のし、水引	アドバイス
新築祝いを贈る	御新築御祝・祝 御新築 ○ビルや大型建物：御落成御祝・祝 御落成 ○増改築の完成：御竣工御祝・御完成御祝 ○マンションの購入・引越し：御新居御祝 ○改築：御改築御祝	のしあり 紅白5本蝶結び 	時計・絵画・ルームアクセサリー・観葉植物など新居で使えるもの *ライター・ストーブなど火に関する道具や、火を連想させる赤いものは贈らないのが一般的 *完成後、半月以内を目安に贈るようにする
お返し	新築内祝・新築之内祝 ○当日配布する場合：新築記念		いただいた金額の3分の1〜2分の1が目安 ○新築披露の宴に招待した方：建物（入れ物）が完成したことを記念して菓子器や密閉容器などの容器 ○招待していない方：いただいた品の半額程度の品物
引越し先の隣近所へご挨拶する	御挨拶・粗品		菓子折りやタオルなどのちょっとした消耗品を

お稽《けい》古《こ》事《ごと》

お稽古事を始めるにあたっては、入会するときに入会金（入門料）を払うのが一般的です。【束脩《そくしゅう》】【御《お》膝《ひざ》付《づけ》】と書いて入門時のお礼とする場合もあります。そのほかの品物を贈る場合は、【御挨拶】とします。

シチュエーション	表書き	のし、水引	アドバイス
稽古事の入門時に先生にお礼をする	○金封：入門料・束脩・御膝付・入会金 ○品物：御挨拶	白無地袋 または、のしあり紅白5本蝶結び *品物の場合は、のしあり紅白5本蝶結び	基本は金封。台として菓子折りを
月々の謝礼	月謝	白無地袋	
師範などをいただいたときに菓子折りなどを月謝に添える場合	御礼・内祝・御挨拶	のしあり紅白5本蝶結び	

昇段《しょうだん》・昇級《しょうきゅう》・名取《なと》り襲名《しゅうめい》

お稽古事で昇段・昇級や名取り襲名を師匠から許されることは、本人の日頃の精進の賜物《たまもの》であり、大変うれしいことです。早い時期にお祝いをしましょう。

○昇段《しょうだん》・昇級《しょうきゅう》

精進の結果、段や級が上がった場合、師範となった場合などにお祝いをします。

シチュエーション	稽古事で昇級・昇段したお祝い金を贈る	お返し
表書き	御昇段御祝・祝 御昇段・祝 御昇級・祝 師範取得・御祝・寿	内祝・御礼・寿・御挨拶
のし、水引	のしあり 紅白5本蝶結び	
アドバイス		

○名《な》取《と》り襲《しゅう》名《めい》

茶道や華道、日本舞踊などで師匠から芸名を許されることを「名取り」といい、落語や歌舞伎などで親や師匠の名を継ぐことを「襲名」といいます。

シチュエーション	表書き	のし、水引	アドバイス
名取り襲名のお祝いを贈る	名取り御祝・祝 御襲名・祝 襲名披露・祝 御披露目・寿・〇〇襲名披露御祝	のしあり 紅白5本蝶結び 	
お返し	内祝・御礼・寿・御挨拶		手ぬぐいや風呂敷、扇子など

展《てん》覧《らん》会《かい》・個《こ》展《てん》・発《はっ》表《ぴょう》会《かい》

展覧会や個展は日頃の成果を披露する場であり、本人にとって励みになる大事なイベントです。展覧会での入選や絵・書・彫刻などの個展開催を知ったときは、激励と盛況、そして成功を願ってお祝いをします。

シチュエーション	表書き	のし、水引	アドバイス
展覧会での入選、個展や発表会のお祝いを贈る	御入選御祝・○○賞御祝・祝 個展開催・御祝・祝 発表会・寿	のしあり 紅白5本蝶結び	開期中、会場に飾っておける花や控え室で食べられるお菓子など

Q&A

Q お稽古事の師匠の舞台や個展に贈るお祝いの表書きは、【御祝】でよいのでしょうか？

A 大成功を祈るという意味合いから【寿】で贈ります。小規模の場合は【御祝】で贈ることもあります。

お茶《ちゃ》会《かい》

お茶会に招かれたら、金封を持参します。表書きは感謝と慰労を表す【御水屋見舞《おみずやみまい》】が一般的です。御水屋とは、茶器の洗い場や茶器の収納だんすのことで、お茶会をさす代名詞にもなっています。ちなみに、【御水屋料】という表書きは、月謝のほかに納める稽古用のお茶、お菓子、水屋の使用料などのときに使います。

シチュエーション	表書き	のし、水引	アドバイス
お茶会に招待されたときに金封を持参する	御水屋見舞・御祝・茶《ちゃ》巾《きん》・茶筅《ちゃせん》・水屋御見舞	のしあり 紅白5本蝶結び	

出《しゅっ》版《ぱん》物《ぶつ》・絵《かい》画《が》・書《しょ》・彫《ちょう》刻《こく》の贈《ぞう》答《とう》

出版を祝って金品を贈る場合はなるべく早く、また、パーティーなどに招待された場合は当日にお祝いを持参します。

シチュエーション	表書き	のし、水引	アドバイス
出版のお祝い	御出版御祝・祝 御出版・御《ご》上《じょう》梓《し》御《お》祝《いわい》・御祝	のしあり 紅白5本蝶結び	パーティーには花などを贈っても
自著や描いた絵画を差し上げる	○会社や団体：贈・贈呈・寄贈 ○目上の人や社会的立場の違う人へ：進《しん》呈《てい》・謹《きん》呈《てい》・献《けん》呈《てい》・恵《けい》存《ぞん》・献《けん》上《じょう》	のしなし、水引なしの奉書・杉紙をかける	
書や絵画・彫刻を依頼したときのお礼	○絵画：筆《ひつ》墨《ぼく》料《りょう》 ○書画：揮《き》毫《ごう》料《りょう》・揮《き》筆《ひつ》料《りょう》 ○彫刻物：鐫《せん》刻《こく》料《りょう》 ○石に彫り物：刻《こく》石《せき》料《りょう》	白無地袋	＊のしあり、紅白5本蝶結びの祝儀袋で、表書きを【御礼】とすることも

受《じゅ》章《しょう》祝《いわ》い（勲《くん》章《しょう》・褒《ほう》章《しょう》の場《ば》合《あい》）

勲章や褒章の叙勲《じょくん》は、春（4月29日付）と秋（11月3日付）の年2回行われます。

お祝いを贈る場合は、祝賀会当日に持参しましょう。

なお、亡くなられた方が生前の功績をたたえられ叙位された場合、お祝いをするべきかどうかは迷うところです。一般的にはお祝いはしませんが、徳を偲《しの》んでどうしてもお祝いをしたい場合は、掛紙は「のしなし、双銀《そうぎん》5本結び切り」にし、表書きは**【叙位之御祝】【祝 叙位】【御祝】**として贈ります。

○勲《くん》章《しょう》

勲章は国や社会に対して功労のあった方に国から授与されるものです。2003年から現行の制度となっています。

大勲位菊花章《だいくんいきっかしょう》…日本で最高位の勲章。大勲位菊花章頸飾《だいくんいきっかしょうけいしょく》（頸飾は首飾りのこと）と大勲《だいくん》位菊花大綬章《いきっかだいじゅしょう》（大綬は肩から斜めにかける幅広の飾り帯のこと）の総称。

桐花大綬章《とうかだいじゅしょう》…大勲位菊花章より下位、旭日大綬章《きょくじつだいじゅしょう》や瑞宝大綬章《ずいほうだいじゅしょう》より上位にあたる勲章。

旭日章《きょくじつしょう》…国や社会において顕著な功績を挙げたとされる場合に授与されます。旭日大綬章《きょくじつだいじゅしょう》、旭日重光章《きょくじつじゅうこうしょう》、旭日中綬章《きょくじつちゅうじゅしょう》、旭日小綬章《きょくじつしょうじゅしょう》、旭日双光章《きょくじつそうこうしょう》、旭日単光章《きょくじつたんこうしょう》の6等級。

瑞宝章《ずいほうしょう》…公務などに長年にわたり従事し成績を挙げたとされる場合に授与されます。瑞宝大綬章《ずいほうだいじゅしょう》、瑞宝重光章《ずいほうじゅうこうしょう》、瑞宝中綬章《ずいほうちゅうじゅしょう》、瑞宝小綬章《ずいほうしょうじゅしょう》、瑞宝双光章《ずいほうそうこうしょう》、瑞宝単光章《ずいほうたんこうしょう》の6等級。

文化勲章《ぶんかくんしょう》…学問、芸術など、文化の発展に特に顕著な功績を挙げたとして授与されます。

宝冠章《ほうかんしょう》…外国人に対する儀礼叙勲など、特別な場合に女性のみに授与。宝冠大綬章《ほうかんだいじゅしょう》、宝冠牡丹章《ほうかんぼたんしょう》、宝冠白蝶章《ほうかんしろちょうしょう》、宝冠藤花章《ほうかんとうかしょう》、宝冠杏葉章《ほうかんきょうようしょう》、宝冠波光章《ほうかんはこうしょう》の6等級あります。

○褒《ほう》章《しょう》

褒章は、学問・文化・産業などの面で、社会や公共、文化に対して、立派な行いや業績など功労があった方に国から授与されるもので、業績により次の6種類あります。

紅綬褒章《こうじゅほうしょう》…自分の危険を顧みず、人命救助に尽力したとして。

緑綬褒章《りょくじゅほうしょう》…長年にわたってボランティア活動に従事し、顕著な実績を挙げたとして。

黄綬褒章《おうじゅほうしょう》…農・商・工業などの業務に励み、模範となるような技術や実績があるとして。

紫綬褒章《しじゅほうしょう》…科学技術分野における発明・発見や、学術・スポーツ・芸術文化分野において優れた業績を挙げたとして。

藍綬褒章《らんじゅほうしょう》…会社経営、各種団体での活動などを通じて、産業の振興、社会福祉の増進などに優れた業績を挙げたとして。また、国や地方公共団体から依頼された公共の事務（保護司、民生・児童委員、調停委員などの事務）に尽力したとして。

紺綬褒章《こんじゅほうしょう》…公共のために私財を寄付したとして。

シチュエーション	表書き	のし、水引	アドバイス
勲章・褒章の受章をお祝いする	祝 御受章・御受章御祝・祝〇〇章・御祝・叙勲之御祝	のしあり 紅白または金銀5本蝶結び	銀や錫《すず》製の杯・置物・絵画・日本酒・紅白ワインなどの酒類 ＊受章後10日以内をめどに贈る
お返し	内祝・記念 ＊右上に「〇〇章受章」と入れる	のしあり 紅白5本蝶結び	〇祝賀会を開く場合：当日の引出物(記念品)として置物・茶器・額・風呂敷など 〇祝電やお手紙をいただいた場合：お礼状を送る

受《じゅ》賞《しょう》祝《いわ》い

文化、芸術の発展向上に貢献した方に贈られる文化賞や芸術賞、スポーツや武術、各種技術分野などにおける賞を授かることを受賞といいます。日本芸術院賞、日本学士院賞、恩賜《おんし》賞、さらには、芥川賞、直木賞、ノーベル賞など、民間団体の賞も含めると広い分野で設けられています。

受賞パーティーに招待されたときは、一般的には略礼装か準礼装（128ページ）で出席するのが無難です（受賞者とその配偶者以上に華美にならない配慮から）。その際もネクタイやポケットチーフ・アクセサリー小物などを使い、その場にふさわしい雰囲気を心がけるようにします。

お祝いに現金を贈る場合は、祝賀会当日に持参するとよいでしょう。なお、会費制の祝賀会の場合、会費がお祝いとなります。

シチュエーション	表書き	のし、水引	アドバイス
受賞をお祝いする	御受賞御祝・祝 御受賞・御祝	のしあり 紅白5本蝶結び 	銀や錫《すず》製の杯・陶器・絵画 ＊受賞後10日以内をめどに贈る。祝賀会に招待されているときは当日に持参するか、当日までに贈る ○受賞決定の直後に届ける場合：祝宴に使用できる花束・シャンパンや紅白ワインなどの酒類・祝事に使われる鯛や伊勢海老などの鮮魚・果物
受賞祝いのお返し	内祝・記念 ＊右肩に小さく「○○賞受賞」と入れる		○祝賀会を開く場合：当日の引出物(記念品)として置物・茶器・額 ○祝電やお手紙をいただいた場合：お礼状を送る
入選・入賞や博士号の受領をお祝いする	○入選・入賞：祝 御入選・祝 御入賞・入賞御祝・御祝 ○博士号：祝 博士号・△△博士受領之御祝・称号之御祝		
入選・入賞・受領祝いのお返し	入選之内祝・入賞之内祝・受領之内祝・授与之内祝・御礼		

寺《じ》院《いん》や神《じん》社《じゃ》への寄《き》進《しん》

寺の建て替えや修復工事などで金品を寄付したり、神社のお祭りに金品を供するときは、のしのついた紅白5本蝶結びの掛紙をかけるか、奉書で包みます。

シチュエーション	表書き	のし、水引	アドバイス
寺院へ金品を寄付する	御《ご》寄《き》進《しん》・御寄附・喜《き》捨《しゃ》・上	のしあり 紅白5本蝶結び または奉書で包む（品物は目録にして献じる）	日本酒
神社へ金品を寄付する	奉納・献《けん》呈《てい》・献《けん》供《ぐ》・上		
お祭りにお供えをする	奉納・奉献・御供・献《けん》饌《せん》		

第5章

弔事の基礎知識と心遣い

臨終から葬儀までの一般的な流れ

弔事のとりおこない方は、仏式、神式、キリスト教式など宗教によってさまざまです。さらに、それぞれの宗派の違いや、地方の風習も加味して行います。まずは、臨終から通夜・葬儀の準備まで、仏式を中心にした流れをご紹介します。

臨終

①末期《まつご》の水（死に水）をとらせる

医師より臨終を宣言されたら、枕辺に集まっている家族や近親者は関係の深い順に、死者にもう一度よみがえってほしいという思いを込めて、死者の唇を濡らす「末期の水」を行います。もともとは仏教のしきたりでしたが、現在ではカトリック以外で行われているようです。

②湯灌《ゆかん》

故人の身体をお湯で清めます。昔は、たらいに「逆さ水」（水を先に入れた後、お湯を入れる手順で作るぬるま湯）を入れて全身を洗い清めました。現在では、病院や葬儀社がガーゼ・脱脂綿などをアルコールに浸して拭いてくれます。

③死化粧《しにげしょう》

遺族の手で髪をととのえ、男性はひげをそり、女性は薄く化粧を施します。

安置

仏式で自宅に安置する場合、搬送された遺体は北枕でふとんに寝かせ、顔を白布で覆い、両手を胸のあたりで合掌させます。さらに、ふとんの上（胸元）に、魔除けの「守り刀」を置きます（浄土真宗以外）。

北枕：遺体を安置するときには、仏教では頭を北に向かせる「北枕」が基本です。これは仏教の祖であるお釈迦様が北インドの小さな村で入滅《にゅうめつ》した（亡くなった）ときの姿「頭北面西右脇臥《ずほくめんさいうきょうが》」に由来します。神式でも、北枕にするか東枕にします。キリスト教式は方角の形式はないようです。

①枕飾《まくらかざ》り

枕元に小さな机を用意し、香炉《こうろ》・燭台《しょくだい》・一本花《いっぽんばな》・一膳飯《いちぜんめし》を供える「枕飾り」をします（宗派によっては水や枕団子を供える場合もある）。枕飾りが済んだら、僧侶に「枕経《まくらぎょう》」（お経）をあげてもらい、遺族は交替で線香とろうそくの火を絶やさないようにします。

一膳飯：この世と縁を切る食事を意味します。「枕飯」ともいいます。現在では、米一合をとがずに炊き、故人愛用の茶碗にご飯を山盛りにして箸を立てます。

②神棚封《かみだなふう》じ

喪家《そうか》に神棚がある場合は、故人の霊を慰めることに専念するため、神棚の扉は閉じ、白紙（半紙）を細長く切って封印します。また、部屋の装飾品である絵画、賞状、生け花などはすべて片づけます。白紙で封じた神棚は、亡くなってから50日目の忌明けをもって、貼った本人が元通りに直します。

納棺

枕経が済んだら、通夜までに遺体を棺に納めます。もともとは遺族が中心になって行う作業でしたが、現在では葬儀社が行うことが多いようです。宗教により納棺《のうかん》の仕方も多少異なりますが、いずれも故人が生前に愛用していたものを棺に入れます。

死装束《しにしょうぞく》：湯灌と死化粧が済んだら、「死装束」を着せます。死装束は宗教によって異なり、多くは納棺の直前に着せています。

仏教の場合（浄土真宗以外）、まず、「経帷子《きょうかたびら》」を通常とは逆の「左前」に着せます。三角の白布を額に置き、手には白い手甲《てっこう》、数珠《じゅず》、杖《つえ》、脚には脚絆《きゃはん》をつけます。白足袋とわらじは左右逆に履かせ、首か肩には六文銭《ろくもんせん》を入れた頭陀袋《ずだぶくろ》をかけます。このような装束にするのは、浄土への旅支度のようなものです。六文銭はこの世からあの世へ渡るための渡し賃ですが、現在は紙に印刷したもので代用するのが一般的です。経帷子も衣服の上に上下逆にかけるだけという場合もあります。

通夜・葬儀の準備

①喪主・世話役の決定

喪主には、故人との縁が最も深かった人を選びます。既婚者なら配偶者、配偶者がいない場合や高齢の場合は長男または同居している子供が務めるのが一般的です。葬儀全般を主催する喪主と遺族は忙しいため、遺族にかわって、通夜から葬儀の進行や実務をとりおこなう「世話役」を依頼することがあります（最近では、世話役の業務を葬儀社が手伝うことが多い）。

②宗教・宗派の決定

仏式、神式、キリスト教式など葬儀の形式は宗教によってさまざまです。

同じ仏式でも、宗派によりしきたりは変わってきますので、まずはどの宗教や宗派で行うかを決めます。故人の信仰を尊重しますが、特になければ生家や嫁ぎ先の家の宗教で行うのが一般的です。

③葬儀の日程

死亡後24時間を経過しないと火葬できないと法律で定められているので、注意が必要です。亡くなった当日に納棺、翌日に通夜、翌々日に葬儀という場合が一般的ですが、亡くなったのが早朝のとき、当日に通夜、翌日に葬儀を行う場合もあります。なお、葬儀が松の内（51ページ）にかかる場合や著名人などで公葬にする場合は、まずは密葬として身内だけで火葬をし、後日遺骨で本葬を行うこともあります。

「友引」（89ページ）は、親しい人を死者が招く日とされ、葬儀を出すのを避ける傾向があります（火葬場も友引と1月1日は休業のところが多い）。

仏式

通夜《つや》

通夜は「夜を通して」という意味です。昔は葬る前に遺体を守り、親しかった人が故人を偲んで思い出話をし、枕元でひと晩寝ずの番をしたため、こう呼ばれるようになりました。現在では、午後7時～午後9時頃と通夜を行う時間を限定するため、「半通夜《はんつや》」となります。通夜に参列すれば告別式は遠慮することができます。

○香典《こうでん》・供物《くもつ》

「香典」とは香にかわる金銭という意味です。本来は、故人に手向ける花や供物のかわりですから、霊前に直接供えるべきものですが、受付に差し出すことが多くなりました。

金額は、基本的には故人とのつきあいの深さによって判断します。袱紗《ふくさ》に包んで持参し、差し出すときに袱紗から出します。袱紗の色は紫、紺、グレーがふさわしく、最近では台つき袱紗がよく使われます（紫の袱紗は慶弔両方で使うことができます）。

持参のタイミングは、通夜、葬儀・告別式のいずれでもよいとされていますが、通夜に参列する場合は、一般的には通夜に持参し、通夜に参列しない場合は、葬儀・告別式に持参します。

なお、忌明け法要（四十九日法要・満中陰《まんちゅういん》）までは、まだ仏様になっていないので、【御仏前】【御佛前】は使用しません。

シチュエーション

通夜・葬儀で香典を包む

表書き

御霊前・御香典・御香《ごこう》華料《げりょう》・御香料《おこうりょう》

＊姓名を書く

＊浄土真宗では、即日成仏［そくじつじょうぶつ］＝すぐに仏様になるということで【御霊前】は使わず【御仏前】を使う場合がある

＊群馬香典のお返しを辞退する参列者は、金封の【御霊前】の右肩に「新生活」と記す（遺族の今後の生活を配慮し、新生活に役立てていただきたいという意味合い）

のし、水引

のしなし

東日本黒白・双銀5本結び切り

西日本黒白・黄白・双銀5本結び切り（山陰地方は黒白を使用）

アドバイス

通夜・葬儀で供物を供える

御供・御霊前

○供物をあらたまった包みにする場合：奉書または半紙をかけて、右ページ同様（ただし**西日本**は黄白または双銀）の水引を

線香・抹香《まっこう》・ろうそく・干菓子・最中・果物

＊派手な色の果物は避ける

＊魚介や肉などの「生ぐさもの」は避ける

○会《かい》葬《そう》御《おん》礼《れい》（祭《さい》場《じょう》供《く》養《よう》・山《やま》菓《が》子《し》）

「会葬御礼」は、香典の有無にかかわらず通夜や告別式の会葬者すべてに、遺族からお礼の気持ちとして5百～千円程度の品と清め塩を挨拶状とあわせて渡すものです（清め塩は宗派により、つけない場合もあります）。

なお、「香典返し」は、香典をいただいた方にお礼として渡す返礼品をさします。四十九日の法要の後に、挨拶状とあわせて贈るのが一般的ですが、葬儀当日に会葬御礼も兼ねてお渡しする「当日返し（即日返し）」が全国的に増えています。その場合、香典の金額にかかわらず同じ品物を渡すことになるので、高額の香典をいただいた方には、忌明け後に再度、品物を贈ることもあります。

群馬、埼玉北部 故人が高齢で亡くなった場合（約80歳以上）、故人にあやかって長生

きできますように、長生きに縁がありますようにという気持ちで、葬儀のときに祝儀袋に小銭を入れて会葬者に配る習慣があります。これを「長寿銭《ちょうじゅせん》」といい、金額は5円から100円が一般的ですが（100円玉が多い）、地域によって異なります。水引は5本蝶結びとし、表書きは【長寿銭】、名入れは亡くなった方の姓名を書き、その左横に年齢を記載します。ただし、すべての家が長寿銭を配るとは限りません。

群馬北部、埼玉、愛媛（八幡浜地区）香典返しを即日返しする（通夜または告別式のときに渡す）場合がよくあります。香典の2分の1から3分の1くらいの品が一般的です。

シチュエーション	表書き	のし、水引	アドバイス
通夜・葬儀の当日参列者へ渡すお礼	志・会葬御礼・粗供養《そくよう》 **京都**粗《そ》飯料《はんりょう》 **岐阜**茶の子 ＊【粗供養】は西日本に多い	のしなし **東日本**黒白・双銀5本結び切り **西日本**黄白・双銀5本結び切り	お茶・ハンカチ・タオルなど **京都**商品券

Q&A

Q 弔事の水引の黒白と黄白の違いはなんですか？どういうふうに使い分けるのでしょうか？

A 黒白・黄白ともに弔事の掛紙に用いますが、主に大井川《おおいがわ》を境にして東日本では黒白、西日本では黄白が用いられます。

なお、黒白・黄白の使い分けは地域によってしきたりが違います。

京都 宮中で使われる紅《くれない》と呼ばれる色の水引が濃い緑色で、黒白の水引と区別がつきにくいため、弔事には黄色の水引を使うようになりました。

名古屋 一周忌は黒白を使い、それ以降は「悲しみが薄れる」として、黄白を使用することが多いようです。

黒白

黄白

○通夜《つや》ぶるまい

通夜の後、遺族（喪家《そうか》）から弔問客に、弔問に対するお礼と故人に対する清めの意味で、食事のもてなしをします。食事は精進料理がしきたりですが、最近は寿司や仕出し料理をとるのが普通になりました。

喪主や遺族にすすめられたら遠慮せずにいただきましょう。通夜ぶるまいには、故人との最期の食事をするという意味と、故人の功徳《くどく》のためのもてなしという意味もあるので、遠慮するのはかえって失礼になります。

シチュエーション	**近しい親戚などが通夜ぶるまいに役立つ食物などを届ける**
表書き	通夜御見舞 愛知・岐阜御淋見舞《おさみしみまい》・淋見舞《さびしみまい》
のし、水引	のしなし 東日本黒白・双銀5本結び切り 西日本黄白・双銀5本結び切り（山陰地方は黒白を使用）
アドバイス	愛知、岐阜通夜に通夜見舞として小分けできる菓子などを持参することが多い

○僧侶《そうりょ》へのお礼《れい》

枕経や通夜、葬儀などで僧侶に自宅や斎場に出向いてもらったときは、送迎をしてもしなくても、帰るときにお礼として「お車代」を包むのがマナーです。また、僧侶が通夜ぶるまいや精進落としを辞退したときや、お招きしないときは「お膳料」を渡します。通夜から告別式までの全体のお礼である「お布施《ふせ》」は、葬儀・告別式の当日に渡すのが一般的です。ただし、最近では通夜が終わったら、お車代やお膳料と一緒に渡すことも多くなっています。

シチュエーション	表書き	のし、水引	アドバイス
お寺や僧侶への読経のお礼	御布施・志・御経料・御礼・御回向料《ごえこうりょう》 ＊喪主の姓名または姓のみを書く	のしなし 東日本黒白・双銀5本 結び切り 西日本黄白・双銀5本 結び切り または、白無地袋 ＊正式には奉書・杉紙で包み、のしと水引はつけない	お布施などの目安はお寺や葬儀社に相談を
僧侶が食事を辞退したとき、招かないとき	御膳料・御斎料《おときりょう》		

僧侶に出向いてもらったとき

御車代・御《ご》足《そく》衣《い》料《りょう》

＊送迎をしても包むのがマナー

戒名をつけていただいたお礼

御戒名料

○浄土宗・浄土真宗：御法名料

○日蓮宗：法号料

＊葬儀後、数日中に渡す

式場として借用したお寺へのお礼

御席料・御礼

のしなし

東日本黒白・双銀5本結び切り

西日本黄白・双銀5本結び切り

または、白無地袋

＊正式には奉書・杉紙で包み、のしと水引はつけない

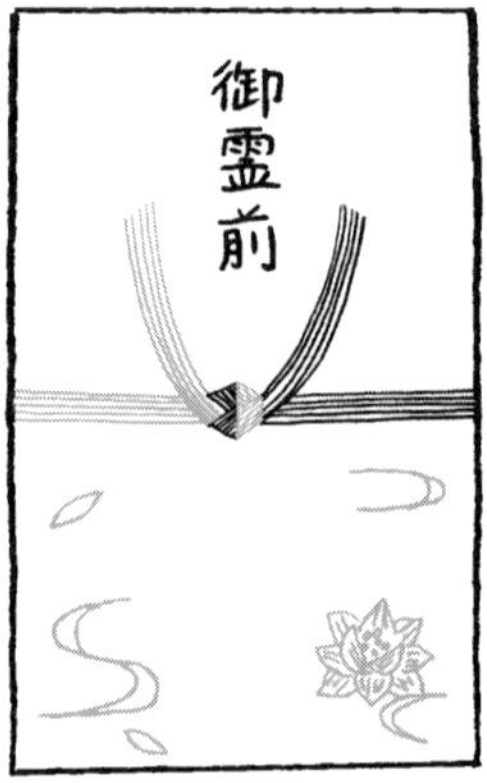

＊「喪主」は、葬式その他をとりおこなう遺族の代表者であり、一般的には故人にいちばん近い人がなります。「施主」は、葬式の費用を出して葬式を運営する人のことです。通常の個人葬儀の場合、多くは喪主が施主を兼ねます。

MEMO

焼香《しょうこう》の作法と数珠《じゅず》について

●焼香

焼香には、座って行う「座礼《ざれい》焼香」、立って行う「立礼《りつれい》焼香」、香炉をのせた盆を回して行う「回し焼香」があり、基本的には同じ作法で行います。

○立礼焼香の場合

①遺族に一礼し、焼香台の手前3～4歩ほどのところで祭壇に向かって深く一礼します。

②焼香台の前まで進み、抹香《まっこう》を右手の親指、人さし指、中指の3本でつまみます。

③頭を軽く下げ、香をつまんだまま目の高さまでかかげます。

④抹香を香炉の中に静かに落とします（焼香の回数は宗派や人によってさまざまです）。

⑤数珠を両手にかけて合掌します。そのまま2～3歩下がり、遺族に一礼して席に戻ります。

●数珠

数珠は念珠《ねんじゅ》ともいいます。もとは陀羅尼《だらに》を唱えるとき、その回数を数えるためにまさぐる法具（仏事に用いる道具）でした。合掌するときは数珠を用いるのが正式です（持ち方は、宗派によって異なります）。

「人間には百八の煩悩《ぼんのう》がある」という教理に基づいて、１０８の珠《たま》がつながってできていて、宗派によって多少の違いはありますが、一般的に多く使われているのは一連のものです。現在では、持ちやすくするために珠の数を減らした、54珠（１０８の半数）、もしくは18～43個程の珠で作られた略式の数珠が一般的に使われています。

本来は仏教徒が持つものですので、葬儀で誰もが必ず持たなければならないものではありません。

葬《そう》儀《ぎ》・告《こく》別《べつ》式《しき》

「葬儀」とは、故人の成仏を祈る儀式であり、遺族と近親者、故人と特別に親しかった友人、知人で行うものです。「告別式」とは、故人に最後の別れを告げる儀式で、一般の知人も参列します。現在では、葬儀と告別式を同時に続けて行うのが一般的です。

◯香《こう》典《でん》・供《く》物《もつ》・会《かい》葬《そう》御《おん》礼《れい》

香典をすでに通夜で持参している場合は、葬儀・告別式では芳名帳《ほうめいちょう》に記帳だけします。
（詳しくは167〜169ページ）。

会葬御礼は通夜と同様、会葬者全員に渡します（詳しくは169〜170ページ）。

◯精進《しょうじん》落《お》とし（関西地方精進《しょうじん》上《あ》げ）

昔は、四十九日の忌明けに精進料理から通常の食事に戻して魚や肉を食べることをさしました。現在は、葬儀当日に遺族が宴席を設けて、僧侶や世話人、親戚、知人などの労をねぎらい、感謝を込めて食事でもてなすという意味合いが強くなりました。関東地方では「精進落とし」といい、関西地方では「精進上げ」といいます。

○葬儀手伝《そうぎてつだ》いへのお礼《れい》

葬儀のお世話役やお手伝いいただいた人には、お礼として葬儀が済んだ後に食事を出したり、その場で心付け（お金）をポチ袋に入れて渡したりします。また、後日、お礼の金品を持参する場合もあります。それらの金額は地域によって違うので、葬儀社などに確認するとよいでしょう。

シチュエーション	表書き	のし、水引	アドバイス
通夜や葬儀の手伝いをしてくれた人へのお礼	志 ○水引なしの場合：御礼 関西地方粗飯料《そはんりょう》	のしなし 東日本黒白・双銀5本結び切り、または水引なし 西日本黄白・双銀5本結び切り または、白無地袋	関西地方では食事をしていただくかわりに「粗飯料」として商品券や現金をお渡しすることが多い

法事《ほうじ》

仏教では、人が亡くなってから四十九日目まで7日ごとの忌日《きにち》や、百日目、毎年巡ってくる命日やお盆には、故人の冥福を祈り、供養します。いずれも宗派や地方の風習、その家のしきたりによって営み方が違います。

なお、忌日の数え方は、地方によって異なり、関東地方では亡くなった当日を1日目とするのが一般的です。

関西地方亡くなる前日から数えます。

◯忌日法要《きにちほうよう》（関西地方忌明《きあ》けまでは、中陰法要《ちゅういんほうよう》）

初七日《しょなのか》（七日目）…亡くなった日の前日もしくは当日から7日目に、近親者、親戚、友人、知人、また葬儀のときに世話になった方を招いて、僧侶にお経をあげてもらい、その後、茶菓や精進料理を出します。地方によっては、この日を「精進落とし」として肉や魚などの生ぐさものを使った料理でもてなします。

最近では、遠隔地から出向いた近親者がいる場合は、初七日の法要を繰り上げて火葬場から帰った後の法要と一緒に済ませることもあります。

五七日《いつなぬか》（三十五日目）…死者は冥土《めいど》（死後の世界）に行くと閻魔《えんま》の庁で7日ごとに7回の審判がなされるといわれており、特に5回目と7回目が大切な判決の日とされ、この日に盛大に法要を営むようになりました。

七七日《なななぬか》（四十九日目）（**関西地方**満中陰《まんちゅういん》）…死者の次の世界が決まる最後の審判の日とされ、「忌明け」の日にあたります（四十九日の法要を三十五日目に切り上げる場合もある）。

忌明けには納骨式を行い、その後、茶菓や食事を出して「忌明け法要」を営みます。葬儀で香典をいただいたところへは、忌明けの挨拶状とともに香典返しをします。

なお、七七日のことを昔は「満中陰」といって、忌日の終わりを意味しました。「中陰」というのが生と死の境目ということであり、死者が此岸《しがん》（この世）から彼岸《ひがん》（あの世）へ渡っている最中とされます。その渡り終わったところが「満中陰」で、無事に仏になったとされるのです（この日から表書きは【御仏前】【御佛前】となる）。

仏壇がない家は、七七日の忌明けまでには新しい仏壇を用意します。仏壇の扉は忌明けまでは閉じておくのがしきたりですが、忌明け後は朝、扉を開き、夕方、閉めるのが一般的です。

○忌《き》日《にち》法《ほう》要《よう》（中《ちゅう》陰《いん》法《ほう》要《よう》）の香《こう》典《でん》・供《く》物《もつ》

通夜・葬儀と同様に香典か供物を贈ります。

シチュエーション	表書き	のし、水引	アドバイス
法要に招かれて香典を包む	御仏前・御佛前・御霊前 ＊姓名を書く ＊七七日を境に、前を【御霊前】、当日以降を【御仏前】【御佛前】とする	のしなし 東日本黒白・双銀5本結び切り 西日本黄白・双銀5本結び切り	金額については親族で相談を
法要に供物を供える	御供・御仏前・御佛前・御霊前 ＊七七日を境に、前を【御霊前】、当日以降を【御仏前】【御佛前】とする	のしなし 東日本黒白5本結び切り 西日本黄白5本結び切り	線香・抹香・ろうそく・果物・干菓子など
法要への参列のお礼	志・〇〇日志・粗供養・茶の子・〇回忌志・法要	のしなし 東日本黒白5本結び切り 西日本黄白5本結び切り	お茶・菓子・ハンカチ・タオルなど

読経をお願いした僧侶へのお礼	御布施《おふせ》・御経料・御回《ごえ》向料《こうりょう》・志・御礼	のしなし 東日本黒白・双銀5本 結び切り 西日本黄白・双銀5本 結び切り または、白無地袋	お礼の目安は、お寺または葬儀社などに相談を
僧侶へのお車代	御車代		
塔婆《とうば》供養をお願いしたお礼	御塔婆料《おとうばりょう》・御塔婆供養《おとうばくよう》料・卒塔婆料《そとばりょう》	*正式には奉書・杉紙で包み、のしと水引はつけない	
法要のお手伝いをしてくれた方へのお礼	志・御礼	のしなし 東日本黒白・双銀5本 結び切り 西日本黄白・双銀5本 結び切り または、白無地袋	

◯百《ひゃっ》ヶ《か》日《にち》法《ほう》要《よう》

亡くなった日から数えて百日目に営む法要で、新しく仏の仲間入りをした故人の近況をお尋ねするという意味があります。昔は「施餓鬼会《せがきえ》」といって無縁仏《むえんぼとけ》の供養もあわせて行う風習がありました。冥土に行っても無縁仏になり、子孫にも供養されず、常に心細い思いをしている仏様を新仏とともに供養します。今でも地方によっては行うところがあります。

関西地方亡くなる前日から数えて百日目に行います。

○新盆《にいぼん（しんぼん・あらぼん）》

故人が亡くなってから最初に迎えるお盆を「新盆」（初盆《はつぼん》）といい、手厚く供養するのがならわしです。盆月の1日から白張提灯《しらはりちょうちん》（白地の盆提灯）を飾り、盆には門前に迎え火（麻幹《おがら》）を焚き、仏壇に花や供物を供え、お寺まで仏様の霊を迎えに行き供養します。親類や知人を招き、僧侶に読経《どきょう》をあげもらい、精進料理でもてなします。盆が済んだら、白張提灯は精霊流《しょうろうなが》しで川に流したり、お寺に納めて燃やしたりします。

愛媛旧盆の8月15日を基準としてとりおこないます。

○みんま（巳午）

愛媛では、その年に亡くなった新仏様のお正月「みんま」の行事を行います。「巳正《みしょう》月《がつ》」ともいわれ、12月の第1または第2の「巳」の日に近親者が集まってお墓で祭りを行います。

Q&A

Q 6月末に亡くなった人の新盆は今年、それとも来年どちらですか?

A 6月末に亡くなった故人の霊の新盆は、翌年になります。お盆とは、先祖が帰ってくることをもてなすセレモニーです。四十九日の法要が済むまでは「忌明け前」にあたるため、7月や8月に行われるお盆のときはまだ霊があの世へ行っていないからです。

Q 新盆の場合、表書きはどうしたらよいですか?

A 一般的には忌明け後なので【御仏前】を使いますが、新盆に限り、霊が帰ってくることから【御霊前】を使う場合もあります。新盆法要に参加してくれた方へのお返しは、【新盆供養】【志】【粗供養】【茶の子】とします。

○香典《こうでん》のお返《かえ》し（忌明《きあ》け頃《ごろ》）

故人に関する一切の仏事が滞りなく済んだという報告とお礼で、三十五日目もしくは四十九日目の忌明けに、挨拶状とともに品物を贈るのが習慣になっています。これを「香典返し」といいます。香典の2分の1から3分の1くらいの品を贈るのが一般的です。

シチュエーション	表書き	のし、水引	アドバイス
香典返し（七七日の忌明けのお返し）	東日本 志・七七日志 西日本 満中陰志《まんちゅういんこころざし》 *喪主の姓のみを書く *名古屋【七七日忌明志】【忌明志】が一般的。名入れは○○家と書く *岐阜【五七日忌明志（三十五日）】【七七日忌明志】（四十九日）が一般的。○○家と書く *京都 戒名短冊を使用	のしなし 東日本 黒白5本結び切り 西日本 黄白5本結び切り 山陰地方 黒白5本結び切り	○好適品：悲しみをなるべく早く忘れ去ってほしいという意味から、お茶・紅茶・のり・石鹸・洗剤などの消耗品がよく使われる ○不適品：置物・おめでたいに通じる昆布や鰹節など・肉や魚などの生鮮食品・華美なパッケージの品

*三十五日目の中陰で香典返しをする場合は、表書きを【中陰志】【繰上《くりあげ》満中陰志】とします。ただし、【満中陰志】を用いる場合もあります。

*故人に関する仏事の終了を報告し、葬儀の際のお礼を述べるために挨拶状を添えます。奉書を用い、七巻き半か五巻き半に巻きます。半巻きにするのは、亡くなったことが割り切れないという思いの表れです。

*香典返しが、松の内の時期（51ページ）にかかる場合は贈るのを控え、明けてから贈ります。

Q&A

Q 繰上法要の場合、香典返しの挨拶状の日付はいつにしたらよいのでしょうか？

A 基本的には正しい忌明け日を記入します。法要は、参列者が出席しやすい休日に繰り上げて行うケースが多いのですが、挨拶状に記入するのは、あくまでも正式な忌明け日になります。

Q 「当日返し」で香典返しをお渡ししましたが、高額の香典をいただいた方にはもう一度お返しをしてもいいのですか？

A 正しくは、葬儀や告別式の際にお渡しする「会葬御礼」と、忌明けにお贈りする「志」「満中陰志《まんちゅういんこころざし》」は別のものと考えます。最近では当日に香典返しをする場合が多いので、再度お返しを贈るのはおかしいということになります。ただし、どうしても贈りたいときは、当日返しに【志】を使っている場合は【忌明志】【七七日志】【粗供養】などにして贈ります。その際は、忌明けの挨拶状を添えます。

関西 当日返しに【満中陰志】を使っている場合は【志】、逆に当日返しに【志】

を使っている場合は【満中陰志】を使います。

Q 香典とともにお花やお供物をいただいた場合のお返しはどのようにしたらよいですか？

A 香典と供物両方をあわせていただいた額の2分の1から3分の1くらいの品をお返しします。

Q 会社や組合、町内会などへのお返しはどのようにしたらよいですか？

A 会社や組合へのお返しは不要です。町内会も必要ありませんが、集会場などがあれば、お茶やコーヒーなどをお返ししても。ただし、取引先からいただいた場合、会社からの弔慰金《ちょういきん》であればお返しはいりませんが、個人からの場合は、お返しをするのが一般的です。

○仏壇《ぶつだん》

仏壇には必ず御本尊を安置し、先祖や亡き人の位牌《いはい》を納めます。宗派により御本尊が異なるため、購入の際は菩提寺の僧侶に相談を。新しい仏壇を購入したときは、僧侶にお経をあげてもらい、御本尊の「開眼式《かいげんしき》」を行います。

葬儀のときに戒名を書いてもらった白木の位牌は遺影とともに祭壇に置きますが、忌明けとともにお寺に返し、かわりに入魂供養した塗りの位牌を仏壇に納めます。

シチュエーション	表書き	のし、水引	アドバイス
仏壇を購入し開眼供養をしたときの僧侶へのお礼	開眼式《かいげんしき》御礼《おんれい》・開眼之御礼・御布施 関西地方 開眼《かいげん》回向料《えこうりょう》・開眼回向御礼	のしなし 紅白5本蝶結び ＊仏壇購入は弔事とはとらえないため、紅白蝶結びにする	お礼の目安はお寺や仏具店などに相談を
新たに仏壇を購入したお宅へのお祝い	○仏像が安置されている場合：ご開眼御祝 ○位牌や過去帳の場合：ご開扉《かいひ》御祝《おいわい》	のしなし（のしありの場合もあり） 紅白5本蝶結び	

仏壇を購入したお祝いのお返し		
開眼内祝・入魂内祝・内祝 関西地方 開眼之内祝・入魂之内祝	のしなし 紅白5本蝶結び	花瓶・陶器・銀器類など記念に残るものを

＊開眼式と同時に法要を行う場合は、法要本位とし、のしなし、黒白・双銀・黄白5本の結び切りで、表書きは【御供】【御佛前】（お墓の場合【建碑御供】［けんぴおそなえ］も使う）として贈ります。僧侶に対するお礼も、のしなし、黒白・双銀・黄白5本の結び切りで、【粗供養】［そくよう］（お墓の場合【建碑粗供養】［けんぴそくよう］【建碑供養】も使う）と書きます。

○年《ねん》忌《き》法《ほう》要《よう》

故人の亡くなった日を「命日《めいにち》」といい、毎月巡ってくる「月命日《つきめいにち》」（○日）と毎年巡ってくる「祥月命日《しょうつきめいにち》」（○月○日）があります。祥月命日が年忌法要の日になり、一周忌や三回忌などは親族が集まり、お墓や仏前に供物や花を供え、僧侶に読経してもらいます。法要は命日にするのが理想的ですが、現在は日曜などの人が集まりやすい日で命日より前の近い日を選ぶ人が多くなっています。浄土真宗以外の仏教では、仏様の供養のためにお経をあげてもらった後、墓の背後に卒塔婆《そとうば》を立てる習慣があります。

法要に招かれたら、一般的には葬儀の際の香典の半額くらいの金封か供物を贈ります。

シチュエーション	表書き	のし、水引	アドバイス
年忌法要に金封や供物を持参	○金封：御仏前・御佛前・御供料・御香料 ○供物：御供・御仏前・御佛前	のしなし 東日本黒白5本結び切り 西日本黄白5本結び切り	供物は生花・菓子・果物など
年忌法要の参列者へのお礼	粗供養・志 ＊右上に「亡 ○○」と故人の名を入れる場合も ＊岐阜、名古屋【一周忌志】【○○回忌志】が一般的 ＊岐阜戒名を入れる		ハンカチ・タオル・のり・お茶・お菓子・石鹸などの消耗品・日常の実用品
僧侶やお寺への読経のお礼	御布施・御経料・御回《ごえ》向料《こうりょう》・御礼・御供養	のしなし 東日本黒白・双銀5本結び切り 西日本黄白・双銀5本結び切り または、白無地袋	
身内や知人の家を訪問する際の仏壇へのお供え	御供・御仏前・御佛前	のしなし 東日本黒白5本結び切り 西日本黄白5本結び切り	

＊五十回忌はのしなし、紅白5本結び切りの場合もあります。両親の五十回忌法要は、「早く両親を亡くしたけれど、今日の自分があることを感謝する」という意味があるからです。

Q&A

Q 招かれていない身内の法要にも供物などを贈ったほうがよいですか？

A 法要は一周忌を過ぎると喪の色を薄くしていくので、遠方の親戚などには知らせなくなります。でも、身内なので、できれば故人を偲んで【御仏前】として包むか、法要の日程に合わせて花やお菓子などを贈るとよいでしょう。

Q お寺にお布施と菓子折りを持っていく際の体裁はどのようにしたらよいですか？

A 本来ご本尊に両方お供えするものです。お布施は不祝儀袋（または、白無地袋）に入れて【御布施】と表書きし、菓子折りは金封の台としてお供えします。

神式

神道では、葬儀全般のことを「神葬祭《しんそうさい》」といい、仏教の通夜にあたる儀式を「通夜祭《つやさい》」、葬儀・告別式を「葬場祭《そうじょうさい》」、法要を「霊祭《れいさい》」といいます。死を穢《けが》れたものと考えるため、葬儀は神社ではなく、自宅か斎場を借り、神官を招いて行い、故人の霊を清め、祖先の霊と共に家にとどめ、一家の守護神（氏神様《うじがみさま》）として祭ります。

お香（線香・抹香）や数珠《じゅず》は使いません。「ご冥福」「供養」「回向《えこう》」「冥土《めいど》」「追善《ついぜん》」といった仏教用語も使わないので、お悔やみの言葉に気をつけます。

通夜祭《つやさい》

遺族や親戚、友人などが参列し、仏式の焼香にあたる「玉串奉奠《たまぐしほうてん》」（195ページ）をします。玉串は神木《しんぼく》である榊《さかき》の枝に白い紙などを細長く切って下げたもののことです。

○玉串料《たまぐしりょう》・供物《くもつ》

仏教と同様、お悔やみの気持ちとして金品を持参しますが、神道では香を使わないので香典ではなく「玉串料」といいます。供物も線香・抹香は避け、ろうそくなどにします。

シチュエーション	表書き	のし、水引	アドバイス
通夜祭・葬場祭で玉串料を包む	御《おん》玉串料《たまぐしりょう》・御霊前《みたまえ》・御《ご》神饌料《しんせんりょう》・御供物料《おくもつりょう》 ○高額の場合：御榊料《おさかきりょう》 *姓名を書く	のしなし 東日本 黒白・双銀5本結び切り 西日本 黄白・双銀5本結び切り または、白無地袋 *不祝儀袋は蓮の花が印刷されてないものを使用	
通夜祭・葬場祭で供物を供える	御供・奉献《ほうけん》・奉納	のしなし 東日本 黒白5本結び切り 西日本 黄白5本結び切り *掛紙は蓮の花が印刷されてないものを使用	生花・ろうそく・干菓子・最中・果物など。鮮魚(海の幸)・野菜（山の幸）・酒などを供えることもある

○会《かい》葬《そう》御《おん》礼《れい》

仏式と同様に、遺族から通夜祭や葬場祭の当日、会葬者すべてにお礼として5百〜千円程度の品と清め塩、挨拶状を渡します。

シチュエーション	表書き	のし、水引	アドバイス
通夜祭・葬場祭の当日、参列者へ渡すお礼	偲《しの》び草《ぐさ》・偲草・しのび草・志	のしなし 東日本 黒白5本結び切り 西日本 黄白5本結び切り ＊掛紙は蓮の花が印刷されていないものを使用	ハンカチ・タオル・お茶・のり・お菓子・石鹸など

○直《なお》会《らい》

仏式の通夜ぶるまいに相当する会食を「直会」といいます。宴席を設けて神官《しんかん》や参列者をもてなします。神式では穢れは火から移ると考えられているので、喪家《そうか》で火を用いるのを避け、仕出し料理を頼むのが一般的です。

○神《しん》官《かん》へのお礼《れい》

神道での神官の役目は僧侶とほぼ同様です。

シチュエーション	表書き	のし、水引	アドバイス
神官へのお礼	御祭祀料《おさいしりょう(みさいしりょう)》・御《おん》玉《たま》串《ぐし》料《りょう》・御礼・御《ご》祈《き》禱《とう》料《りょう》 ○高額の場合：御《お》榊《さかき》料《りょう》 ＊喪主の姓名または姓のみを書く	のしなし、水引なしで奉書・杉紙で包むまたは白無地袋 御祭祀料　高島太郎	お礼の目安は社務所や葬儀社などに相談を
神官が食事を辞退、または招かないとき	御食事料・御膳料	白無地袋	
神官へのお車代	御車代		
斎場へのお礼	御席料・御礼	白無地袋 または、のしなし、東日本黒白・双銀5本結び切り西日本黄白・双銀5本結び切り	

MEMO

玉《たま》串《ぐし》奉《ほう》奠《てん》の作法

仏教の焼香にあたる儀式を神道では「玉串奉奠」といい、玉串を神前に供えます。仏教徒であっても数珠は使用しません。略式では拝礼だけの場合もあります。

①まず、枝が右、葉が左になるように神官から玉串を受け取って一礼。玉串を胸元に捧げ、祭壇の前まで進み出て喪主、遺族、遺影に一礼する。

②祭壇の2、3歩手前で止まり、玉串を目の高さにして一礼。その後、枝を自分のほうに向くように引き寄せる。

③次に右手で葉先、左手で枝を支えるように持ち替えて時計方向に回し、枝の根元を神前に向けて台に供える。

④二礼二拍手（音はたてない「しのび手」で）一礼を行う。数歩下がり、遺族、神官に一礼して席に戻る。

葬《そう》場《じょう》祭《さい》

仏式の葬儀にあたるもので、葬場祭の後に告別式を続けて行うのが一般的になっています。神官がお祓《はら》いや祭詞奏上《さいしそうじょう》（仏式の読経にあたる）をし、喪主、遺族、親族に続き、参列者が玉串奉奠《たまぐしほうてん》を行います。お祓いを受けるとき、祭詞奏上のときはできるだけ深いおじぎをします。式の流れは仏式の葬儀・告別式と同様です。

○玉串料《たまぐしりょう》・供物《くもつ》・会葬御礼《かいそうおんれい》

玉串料を通夜祭で持参している場合は、葬場祭・告別式では芳名帳に記帳だけします（詳しくは192ページ）。

会葬御礼は通夜祭と同様、会葬者全員に渡します（詳しくは193ページ）。

○通夜祭《つやさい》・葬場祭《そうじょうさい》を手《て》伝《つだ》ってくれた方《かた》へのお礼《れい》

仏式同様に（177ページ参照）お礼します。体裁は白無地袋で【御礼】【志】など。

霊祭《れいさい》（みたままつり・たままつり）

仏式の法要にあたるものを「霊祭」といい、正式には死後五十日までは十日ごとに行われます。五十日祭の後は、百日祭、一年祭、三年祭、五年祭、十年祭…と続きます。

霊祭では、仏式の焼香のかわりに玉串奉奠《たまぐしほうてん》（195ページ）をします。奉奠の用意がないときは、二礼、二拍手、一礼のみとなりますが、一年祭までは「しのび手」といって、音をたてずに手をたたきます。

十日祭…仏式の初七日にあたります。本来は、墓前で行いますが、埋葬が済んでいない場合は神官に来ていただき、近親者、友人、知人、葬儀のときにお世話になった方々を招いて、祭壇の前で祭祀《さいし》（神や祖先を祭ること）を行います。

五十日祭…仏式の四十九日にあたり、霊祭の中で最も重視されます。玉串料をいただいたところには忌明けの挨拶をします。最近は五十日祭に「清祓《きよはらい》の儀《ぎ》」と「合祀祭《ごうしさい》」を一緒に行うことが多くなりました。清祓の儀とは、本来、五十日祭の翌日に行うもので、神棚の白紙（164ページ「神棚封じ」）を取り去る儀式です。これより平常の状態に戻ります。合祀祭とは、五十日祭に故人の霊璽《れいじ》（仏式の位牌《いはい》にあたるもの）を祖霊舎《それいしゃ》（仏式の仏壇にあたるもの）に移す儀式です。

シチュエーション	表書き	のし、水引	アドバイス
霊祭に招かれて玉串料を包む	御玉串料《おんたまぐしりょう》・御神饌料《ごしんせんりょう》・御供物料 ○高額の場合：御榊料《おさかきりょう》 ＊姓名を書く	のしなし 東日本黒白・双銀5本結び切り 西日本黄白・双銀5本結び切り または、白無地袋 ＊不祝儀袋に蓮の花が印刷されていないものを使用	
霊祭に供物を供える	御供・奉献《ほうけん》・奉納	のしなし 東日本黒白5本結び切り 西日本黄白5本結び切り	酒・鮮魚（海の幸）・野菜（山の幸）・乾物などを供えることが多い
霊祭への参列のお礼	偲《しの》び草・しのび草・偲草・志	＊掛紙に蓮の花が印刷されていないものを使用	お茶・タオルなどの消耗品
神官へのお礼	御礼・お礼・御玉串料	のしなし、水引なしで奉書・杉紙で包む または白無地袋	
神官へのお車代	御車代		

○玉《たま》串《ぐし》料《りょう》のお返《かえ》し

神式では三十日祭または五十日祭を忌明けとしてお返しをします。いただいた玉串料の2分の1から3分の1くらいの金額の品物を贈るのが一般的です。

シチュエーション	表書き	のし、水引	アドバイス
玉串料のお返し（五十日祭または三十日祭の忌明けのお返し）	偲《しの》び草・しのび草・偲草・志・茶の子・五十日祭偲び草	のしなし 東日本黒白5本結び切り 西日本黄白5本結び切り ＊掛紙は蓮の花が印刷されていないものを使用 	○好適品：タオル・お茶・石鹸などの日用品や消耗品 ○不適品：置物・おめでたいに通じるもの

キリスト教式

キリスト教はカトリックとプロテスタントに大別され、死者は神のもとに召されて、永遠の命に移るとされています（カトリックでは神に召されることを「昇天《しょうてん》」「帰天《きてん》」、プロテスタントでは「召天《しょうてん》」という）。それゆえ、「お悔やみを申し上げます」や「ご愁傷様です」「ご冥福をお祈りします」という言葉は避け、「安らかなお眠りをお祈りします」とご挨拶するようにします。

通夜《つや》の祈《いの》り・前夜祭《ぜんやさい》

仏式の通夜にあたるのは、カトリックでは「通夜の祈り（集い）」、プロテスタントでは「前夜祭（前夜式）」です。カトリックには本来、前夜祭はありませんが、最近はプロテスタントの前夜祭に準じて行われるようになりました。

葬《そう》儀《ぎ》ミサ・葬《そう》儀《ぎ》式《しき》

葬儀は、カトリックでは「葬儀ミサ」、プロテスタントでは「葬儀式」と呼ばれ、聖書の朗読、聖歌（カトリック）・賛美歌（プロテスタント）の斉唱、献花などを行います。カトリックでは聖書や聖典、使徒伝来の教会を信奉し、「神父」が司会のもと、儀式を行います。

一方、プロテスタントでは聖書のみを認めているため、聖書による祈りを中心として「牧師」の司会で儀式を行います。プロテスタントは祭壇や祭式の重要性を認めない考え方なので、信徒であってもなくてもプロテスタントの教会で葬儀ができます。

○お花《はな》料《りょう》・献《けん》花《か》・会《かい》葬《そう》御《おん》礼《れい》

キリスト教では、もともとは香典にあたるものはありませんでしたが、最近ではカトリック、プロテスタントともに「お花料」を持参することが一般的になっています。なお、カトリックでは花を供えませんが、プロテスタントでは生花の花輪や盛り花を贈る習慣があります。花以外のものや飲食物などは一切飾りません。

シチュエーション	表書き	のし、水引	アドバイス
お花料を持参する	○カトリック：御ミサ料・御花料 ○プロテスタント：御花料・御献花料・御花《おはな》環《わ》料《りょう》 ＊【御霊前】は宗派を問わずに使ってかまわない ＊姓名を書く	十字架などがついた専用袋か白無地袋 または、のしなし、東日本黒白5本結び切り西日本黄白5本結び切り ＊不祝儀袋に蓮の花が印刷されてないものを使用	
参列者へのお礼	偲《しの》び草《くさ》・しのび草・粗品・感謝・志	のしなし 東日本黒白5本結び切り 西日本黄白5本結び切り または、奉書・杉紙をかける ＊掛紙に蓮の花が印刷されていないものを使用	茶菓類

＊本来、お返しの風習はありませんが、最近はお返しをすることが多くなりました。

○神《しん》父《ぷ》（カトリック）・牧《ぼく》師《し》（プロテスタント）・教《きょう》会《かい》へのお礼《れい》

キリスト教式の葬儀は教会で行われることが多く、お礼は教会へ渡します。

シチュエーション	表書き	のし、水引	アドバイス
神父・牧師、オルガニスト、聖歌隊などへのお礼	御礼・お礼・感謝	白無地袋 	お礼の目安は教会や葬儀社などに相談を
教会へのお礼	献金・記念献金・感謝		
式場に教会を借りた場合のお礼	○カトリック：御礼・謝礼 ○プロテスタント：感謝		

MEMO

献花の作法

キリスト教の葬儀ミサ・葬儀式などでは、仏教の焼香のかわりに、カーネーションなど茎の長い白い花を霊前に捧げます。

①花が右、茎が左に向くように受け取り、祭壇に一礼する。

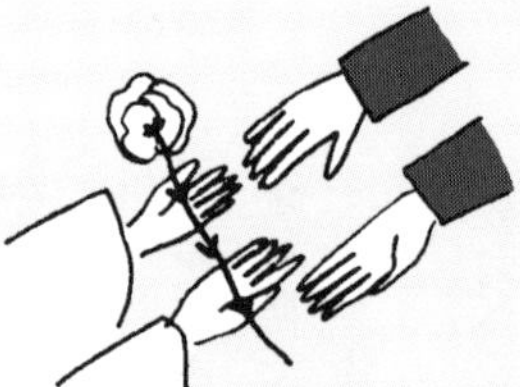

②花を胸元に捧げ、献花台の前まで進む。

③一礼し、花を右（時計回り）にぐるりと回し、献花台に置く。

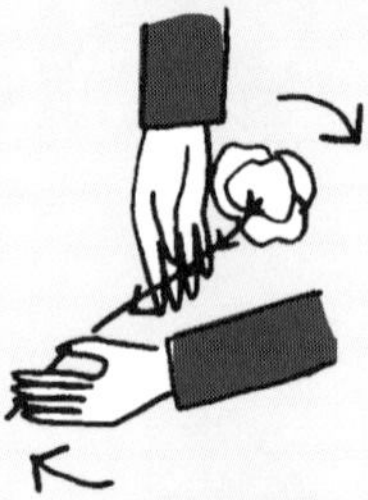

④黙とうする（信者であれば十字を切って黙とう）。

追悼《ついとう》ミサ・記念式《きねんしき》

仏式の法要にあたるのが、カトリックでは「追悼ミサ」、プロテスタントでは「記念式」です。また、亡くなった日をカトリックは「昇天記念日」、プロテスタントでは「召天記念日」といいます。

○追悼《ついとう》ミサ（カトリック）

亡くなった日から3日目、7日目、30日目、および昇天記念日（1年目以降、特別な決まりはなく、3年目や7年目など）に追悼ミサを行います。また、毎年11月2日を「万霊節《ばんれいせつ》」（死者の日）として、仏教のお彼岸のように教会でミサが行われます。親類、知人が参列し、前日までに掃除しておいた墓に花を供えたり、家で祈ったりします。

○記念式《きねんしき》（プロテスタント）

亡くなって1か月目の召天記念日に記念式を行います。それ以降は特に決まりはなく、

1年目、3年目、7年目などに記念式を行います。

シチュエーション	表書き	のし、水引	アドバイス
追悼ミサ・記念式の後のもてなしを受ける場合に金封を贈る	○カトリック：御ミサ料・ミサ御礼 ○プロテスタント：御花料・お花料	十字架などがついた専用袋か白無地袋 または、のしなし、東日本黒白5本結び切り西日本黄白銀5本結び切り ＊不祝儀袋に蓮の花が印刷されてないものを使用	金封を持参する習慣はないが、会食などが用意されている場合に持参する
追悼ミサ・記念式参列のお礼	偲《しの》び草《ぐさ》・志・感謝	のしなし 東日本黒白5本結び切り 西日本黄白5本結び切り または、奉書・杉紙をかける ＊掛紙に蓮の花が印刷されていないものを使用	
教会・神父・牧師へのお礼	○教会へのお礼：御礼（カトリック）・感謝（プロテスタント） ○神父・牧師へのお礼：御礼	白無地袋	

○お花《はな》料《りょう》のお返《かえ》し

本来お返しの風習はありませんが、三十日、五十日目の追悼ミサ（カトリック）、召天記念日（プロテスタント）の頃に、仏式の香典返しと同程度のお返しをする場合が多くなっています。

シチュエーション	表書き	のし、水引	アドバイス
お花料のお返し	○カトリック：志・昇天記念・偲び草・○○日祭記念 ○プロテスタント：志・召天記念・偲び草 ＊喪主の姓名、または姓のみを書く	のしなし 東日本黒白5本結び切り 西日本黄白5本結び切り または、奉書・杉紙をかける ＊掛紙に蓮の花が印刷されていないものを使用	

墓《ぼ》石《せき》建《こん》立《りゅう》の供《く》養《よう》（仏式）

そもそも墓石は権威を象徴するための墳墓《ふんぼ》でしたが、現在では仏様の家という意識が強く、墓石を建てることはお祝い事になります。墓石を建てたときの供養は、生前に建てたか亡くなってから建てたか、また地域によって異なります。生前の場合、俗名または戒名に朱墨《しゅずみ》を入れます。

シチュエーション	表書き	のし、水引	アドバイス
亡くなってからお墓を建てた場合のお供え	御供・建碑《けんぴ》御供《おそなえ》 ○年忌《ねんき》法要を兼ねたお供え：御仏前	のしなし 東日本黒白・双銀5本結び切り 西日本黄白・双銀5本結び切り	
お供えのお返し	粗供養《そくよう》・建碑粗供養・建碑供養	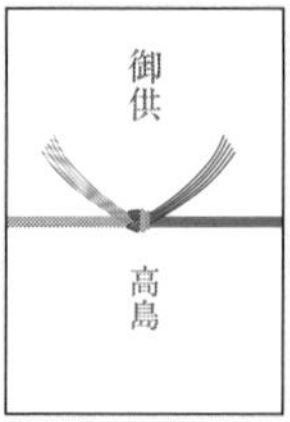	

生存中にお墓を建てた方へ、完成を祝って金品を贈る

ご建碑御祝・建碑之御祝・ご寿塔《じゅとう》御祝《おいわい》・寿塔之御祝・墓碑御建立御祝

のしなし（のしありの場合もあり）紅白5本蝶結び

お祝いのお返し

内祝・建碑内祝・寿塔内祝・寿・建碑之内祝

永《えい》代《たい》供《く》養《よう》（仏式）

仏様の供養をすべき施主が遠方にいたり、施主となるべき人が亡くなってしまっても、菩薩寺がかわりに永久に法要を営んでくれるという取り決めです。年忌法要（三十三回忌か五十回忌）を終えたら、お寺に依頼します。

喪《も》中《ちゅう》の場《ば》合《あい》の贈《ぞう》答《とう》（仏式・神式・キリスト教式）

昔は弔事と慶事が重なった場合は、慶事は後回しにして、弔事を優先して謹慎しました。亡くなってから1年間を服喪期間として、慶事の贈答を控えていましたが、最近では忌明け後に日常生活に戻るという考えから、慶事の贈答をすることも増えています。

○先方《せんぽう》が喪《も》中《ちゅう》の場《ば》合《あい》のお中《ちゅう》元《げん》・お歳《せい》暮《ぼ》

例年挨拶をしている相手の場合、喪中であっても贈って差し支えありませんが、生ぐさものは避け、慰めのメッセージを同封するなどの心配りが必要です。もしくは、四十九日までは差し控え、忌明け後に贈ってもよいでしょう。忌明けがお中元・お歳暮の時期から遅れた場合、【暑中お伺い】【残暑お伺い】【寒中御見舞】として贈ります。

○自《じ》分《ぶん》が喪《も》中《ちゅう》の場《ば》合《あい》のお中《ちゅう》元《げん》・お歳《せい》暮《ぼ》

お中元・お歳暮は季節のご挨拶や謝礼の意味合いが強いので、忌明け後は喪中であっても、例年挨拶をしているお宅へは贈って差し支えありません。
京都、名古屋、山陰地方忌明け前に贈る場合、水引なし、のしなしの杉紙を使用。

Q&A

Q 喪中はがきをいただいて、知人のご家族に不幸があったことを知りました。お悔やみの気持ちはどのようにお伝えすればよいでしょう？

A 最近は「喪中見舞い」という言葉もあるようですが、仰々しくせず、仏式でしたらお線香を贈るというのはいかがでしょうか。「不義理をいたしました。後になりましたが、ご霊前（ご仏前）にお供えください」などと書いた挨拶状を添えます。相手の宗教が不確かな場合は、寒中見舞いを贈るのが無難です。

形見分《かたみわ》け（仏式・神式・キリスト教式）

形見の品は包装しないで、そのまま渡します。亡き人を偲び、思い出をとどめておいてもらうために贈るものなので、近親者や親戚、友人以外に贈るのは失礼にあたります。一般的には目上の人には差し上げません。ちなみに、仏式では五七日《いつなぬか》（三十五日目）か七七日《なななぬか（なぬなぬか）》（四十九日目）の頃に行います。

団体葬《だんたいそう》・社葬《しゃそう》のお返《かえ》し（仏式・神式・キリスト教式）

団体葬や社葬の場合、お葬式の費用を負担するのは会社や団体ですが、香典とお供えは遺族側が受け取るため、香典返しは遺族が行います。お返しに添える挨拶状の差出人には、喪主の名前と、施主として会社名および会社の代表者の名前を記します。封筒の裏側は喪主の住所と名前のみでかまいません。

第6章

お見舞い、お詫び

病《びょう》気《き》見《み》舞《ま》い

病気見舞いは、相手の立場に立った配慮ある常識的な行動が求められます。お見舞いに伺うのであれば、突然かけつけたりせず、事前にご家族や病院に病状や様子を確認し、入院直後や手術直後を避けて、適切な時間に伺います。長居は慎むようにしましょう。

シチュエーション

病気、怪我のお見舞いをする

表書き

御見舞・お見舞
○目上の人の病気見舞い：祈 御全快

のし、水引

のしなし
紅白5本結び切り
または、のしなし、水引なしの奉書・のしなし、水引なしで短冊をつける

＊のしは慶事の象徴なので病気見舞いにはつけない

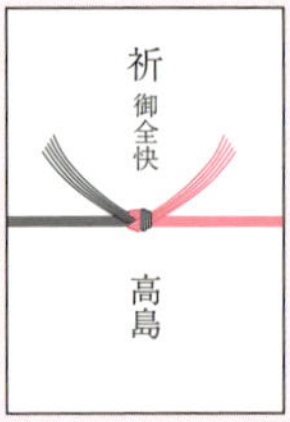

アドバイス

花束・菓子・果物・缶詰など
○長期療養の場合：ガウンやパジャマなどの身の回り品・気分転換に役立つゲームや本、雑誌など

＊病気見舞いは縁起をかつぐことが多いので、花の場合は花が落ちる山茶花［さざんか］や椿、「死」「苦」を連想させるシクラメン、根つく（寝つく）に通じる鉢植え、寂しさを連想させる白い花、血を連想させる真紅の花は避けたほうがよい。最近は感染症防止のため、病院へは生花を持ち込めないこともあるので確認を

病《びょう》気《き》見《み》舞《ま》いのお返《かえ》し

病気見舞いのお返しは、本来は、病気や怪我が回復したとき、入院中にお世話になった方や心配をかけた方全員に対して、全快の報告とお見舞いのお礼を兼ねた内輪の会を開いたり、内祝いの品を贈ったりするものですが、現在は、病気見舞いをいただいた方への回復の報告を兼ねたお礼の意味合いが強くなっています。

お返しのタイミングは、退院または床上げした後、通院や検診があっても少し落ち着いてくる2～3週間後というのが一般的です。退院（床上げ）しても、まだ回復していない場合は、次の表のような、状況に合わせた表書きで贈ります。

シチュエーション	病気見舞いのお返し
表書き	快気内祝・快気之内祝 和歌山朱で【快気内祝】【全快内祝】と書く ＊病院にお見舞いに来てくれた場合は【謝 御見舞】【御見舞御礼】とすることも
のし、水引	のしあり 紅白5本結び切り 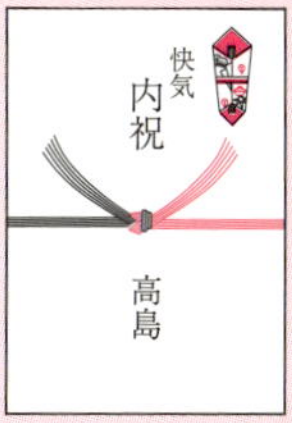
アドバイス	和菓子などの食品・石鹸・洗剤 ＊食品や石鹸などには、「きれいに治った」「あとに残らない」「洗い流して忘れる」という意味がある。金額はお見舞い品の3分の1から半額程度を目安に

医者の手が離れて通院が終わったときにお返しする	全快内祝・全快之内祝	のしあり 紅白5本結び切り 	和菓子などの食品・石鹸・洗剤 ＊食品や石鹸などには、「きれいに治った」「あとに残らない」「洗い流して忘れる」という意味がある。金額はお見舞い品の3分の1から半額程度を目安に
後遺症もなくすっかり回復してからお返しする	本《ほん》復《ぷく》内《うち》祝《いわい》・本復之内祝		
病気が長引いているが、途中で一度お返しする	御見舞御礼・寛《かん》快《かい》之《の》御《おん》礼《れい》		
退院後、完治ではないがお返しする	退院内祝・退院之内祝		
お世話になった医師や看護師などへのお礼	○退院時：御礼・謝礼・粗品 ○亡くなった場合：御礼	慶事用の包装紙のしあり、紅白5本蝶結び ＊亡くなった場合は、のしなし、水引なしの奉書・杉紙をかける場合も	＊病院は病気や怪我を治す場所であるということに配慮し、亡くなった場合も、弔事用の体裁ではなく、あえて慶事用の包装紙などを使う

Q&A

Q 病気見舞いのお返しをしたいのですが、回復のめどが立たない場合はどうしたらいいですか？

A 本来は「お返し」というより、回復したときに「快気祝い」をするという考え方なので、特にお返しが必要なわけではありません。ただ、高額なお見舞金をいただいたなど、お返しをしておきたいという気持ちが強く、病状もはっきりしないといった場合は、その時点で【御見舞御礼】などとしてお返しをするという方法もあります。

Q 快気内祝いに、植木を贈ってもよいでしょうか？

A 病気見舞いであれば、相手によっては気にされる方がいるので、縁起をかつぎ、「寝つく（＝根つく）」を連想させる鉢物は避けることが多いものです。病気見舞いのお返しである快気内祝いであれば、差し支えないでしょう。ちなみに、昔は、祝儀用の紅白の鳥の子餅、赤飯、鰹節などを贈っていました。

Q 父がお見舞いをいただいたのですが、亡くなりました。どのようにお返しをすれば？

A そういう場合は、病気見舞いのお返しはせず、香典返しをするときに多少金額を多くして、【志】【満中陰《まんちゅういん》志《こころざし》】の表書きで贈るようにします。ただし、どうしても香典返しとは別に病気見舞いのお返しをしたいときは、金額は3分の1以上をめどとし、忌明法要までにするのが一般的。体裁は、のしなし、黒白・黄白5本結び切り、または、奉書・杉紙をかけ、表書きは【御見舞御礼】【生前見舞志】とします。

災《さい》害《がい》見《み》舞《ま》い

火事や風水害などの災害にあったときは、精神的な打撃が大きく、現金や必需品などの物質的な援助はもちろん、励ましや慰めの言葉が心にしみるものです。親戚や友人、知人が被災したことを知ったときは、できるだけ早くお見舞いをします。

シチュエーション	表書き	のし、水引	アドバイス
火事の火元になった家へのお見舞い	火災御見舞・御見舞	のしなし、水引なしの奉書・杉紙 または、のしなし、水引なしで包装紙に短冊をつける 火災御見舞　高島	日用雑貨や食器などの生活必需品、寝巻きや下着などの新品の衣類、米や即席めんなどの食品 ＊可能であれば必要なものを聞いて届けるとよい ＊当座に必要な費用の一端としてお見舞い金を贈るのもよい ＊元気づけに清酒など酒を持参することもある
付近で火事があった家へのお見舞い	近火御見舞《きんかおみまい》		
類焼被害のお見舞い	類焼御見舞《るいしょうおみまい》・火災御見舞		
水害のお見舞い	水害御見舞・災害御見舞		
台風のお見舞い	台風御見舞・災害御見舞		
地震のお見舞い	震災御見舞・災害御見舞		
お返し	御礼・粗品		落ち着いたら、お礼状を出す

＊お返しは基本的には不要です。

Q&A

Q 先日、類焼に合い、たくさんの方からお見舞いをいただきました。お返しをしたいのですが…。

A 社会通念としては、お返しをしなくても失礼にあたりませんが、それでは気が済まない場合は、お返しの金額はいただいたお見舞いの半分以下にし、商品は姿形が長く残らない消耗品などを贈ってもよいでしょう。

楽屋《がくや》見舞《みま》い・陣中《じんちゅう》見舞《みま》い

発表会や演劇、コンサートなど、舞台公演中の出演者をねぎらい励ますとともに、大入り満員や舞台の成功などの縁起を祝う気持ちを込めて贈るのが「楽屋見舞い」です。
また、スポーツの試合前や、イベントなどの準備で追われているスタッフへ、激励や声援の意味を込めて贈るのは「陣中見舞い」です。

シチュエーション	表書き	のし、水引	アドバイス
舞台に出演する人たちへの楽屋見舞い	御部屋見舞・楽屋御見舞・御祝・壽・寿	のしあり 紅白5本蝶結び または、祝儀袋	現金・日もちのする菓子・果物・サンドイッチ・寿司 ○長期公演や展覧会などの場合：花も喜ばれる ＊贈る品物の金額や大きさは開催規模や期間に応じて選ぶ
発表会などに招待されたとき	寿・御祝・祝 発表会 ○日本舞踊：寿	のしあり 紅白5本蝶結び	
大入り満員と成功の縁起を祝って	御祝・寿・御挨拶		
激励や声援の意味を込めて	陣中御見舞		酒類・菓子・果物 ＊その場で開けて、みんなで食べられるものがよい。スポーツ合宿の場合は、食事制限がないかどうか気をつける
健闘や必勝を祈る気持ちで	祈御健闘・祈御必勝		

＊お返しは基本的には不要です。

Q&A

Q 立候補した知人への差し入れに何か贈りたいのですが…

A 選挙期間中、立候補者に、お酒、料理、弁当、サンドイッチなどの飲食物を差し入れすると公職選挙法違反になりますが、お茶や、通常用いられる程度の菓子（せんべい、まんじゅうなど）なら陣中見舞いとして贈ることができます。

また、一個人から一候補者への選挙運動に関する寄付は、年間で150万円以内と決まっています。この範囲内なら、現金や有価証券（小切手・手形・商品券・株券・公社債など）を贈っても差し支えありません。詳しいルールは、自治体の選挙管理委員会などに問い合わせてください。

なお、この場合、表書きは【陣中御見舞】とし、のしあり、紅白5本蝶結びの体裁で贈ります。

ちなみに、残念ながら落選した場合は、のしなし、水引なしの奉書または杉紙で、【祈 捲土重来《きけんどちょうらい》】と表書きして贈ります。

お詫《わ》び

人生の途中では、図らずも他人様に迷惑をかけたり、加害者の立場になってしまうこともあります。その際は、とにかく早急にお詫びの気持ちを伝えることが大事です。

お詫びは、電話やメールではなく、まず直接伺ってお詫びの言葉を述べ、相手の話をよく聞くことで誠意を示します。

例えば、新築や改築の工事中に騒音への苦情を受けたら、個人名もしくは工事業者名ですぐに挨拶に伺います。交通事故の加害者になってしまったときは、過ちを詫びるとともに、事故後、早急にお見舞いに伺います。また、不幸にして火災の火元となってしまった場合は、できるだけ早くご近所へお詫びのご挨拶をします。

その際、持参するとしたら、派手すぎず、奇をてらわない菓子折りなどが適当です。体裁は、のしなし、水引なし（包装紙のまま、もしくは奉書・杉紙をかける）にするか、この場合の品物は、お詫びにかえるものとして持参するのではなく、あくまでも「お詫びのご挨拶」や「伺った手土産」として渡すものなので、のしなし、紅白5本結び切りの掛紙を使うこともあります。

シチュエーション	表書き	のし、水引	アドバイス
工事中の騒音のお詫び	お詫び・ご挨拶・粗品	のしなし 水引なし または、のしなし、紅白5本結び切り	菓子折りなど
交通事故などで被害者を見舞う場合のお詫び	お詫び・謝罪・ご挨拶		
火災の火元になってしまった場合のお詫び	お詫び	のしなし、水引なしの奉書・杉紙	

巻末付録

贈り物の一般的心得

贈答において最も大切なことは、贈り主の誠意と真心をどのように伝えるかです。相手やシチュエーションにふさわしいものを選び、のし紙をかけるなどして体裁をととのえ、気持ちを伝える表書きの言葉を選ぶ――そこにはさまざまな決まり事がありますが、昔からのしきたりに則《のっと》った正式なルールを知っておくと安心です。

のし紙《がみ》と掛《かけ》紙《がみ》

品物をむき出しにして贈るのは失礼にあたります。贈り物をするときはTPOにあわせて、体裁をととのえることが大事です。正式な場合は、奉書（上質な和紙）で包み、水引（228ページ）で結び、のし（231ページ）をつけます。これは、「きれいな紙で包み、こよりで結ぶ」という昔ながらの贈答方法に由来します。

親しい間柄や一般的な進物の場合には、その用途別に水引やのしが印刷されたのし紙や掛紙を使います。

なお、のしが印刷された慶事用のものを「のし紙」と呼び、のしが印刷されていない弔事用のものは「掛紙」といいます。

○のし紙《がみ》・掛《かけ》紙《がみ》のかけ方《かた》

正式にはお金以外の贈り物を包む場合は奉書を用い、結婚用の場合は二枚重ねにします（ご両家が合わさるという意味で、２枚の裏を合わせる）。

・品物の寸法に合わせて奉書の長さを決め、丈が長いときには下側を中に折り込みます。基本的に奉書は切りません。

・のし紙や掛紙が裏で重なる場合の合わせ方は、慶事・一般のときは左を内側に、右を外側に重ねます。

・弔事では、左を外側に重ねます。

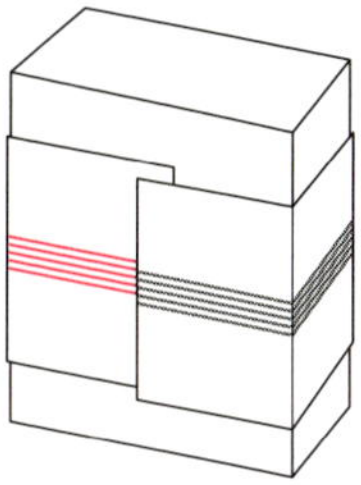

慶事・一般の場合

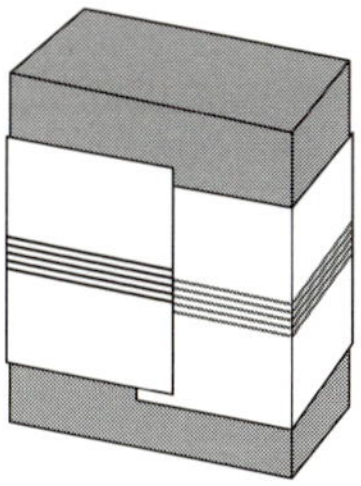

弔事の場合

水《みず》引《ひき》

奉書をかけた後は、正式には慶弔いずれも水引で結びます。その起源は、昔、中国からの贈答品が、紅白の麻ひもで結んであったことといわれています。日本では室町時代、そのひもは和紙をよってこより状にし、よりが戻らないように水糊《みずのり》を引いて固めたものを使っていたので、「水引」と呼ぶようになりました。

水引は5本（3本・7本もあります）をまとめたものを1本としますが、結納、結婚のときは夫婦《めおと》水引《みずひき》といって、「夫婦はふたりでひと組」という意味合いから10本にして使います。

○水《みず》引《ひき》の種《しゅ》類《るい》

水引は用途によって、色を使い分け、婚礼および長寿のお祝いには金銀、一般慶事・婚礼には紅白、弔事には黒白、黄白《きしろ》、双銀《そうぎん》を使います。紅白の場合、紅が向かって右で白が左、金銀の場合は金が右で銀が左と、あらゆる場合で濃い色が向かって右になるように結びます。

○水《みず》引《ひき》の結《むす》び方《かた》

一般的な結び方は「蝶結び」「結び切り」「あわび結び・あわじ結び」の3通りあります。

「蝶結び」は、片方の水引を引くとほどけてしまい、再び容易に結ぶことができるため、何度も繰り返されてほしいという意味から、結婚祝いを除くほとんどの慶事と一般贈答に用いられます。

「結び切り」は、片方の水引を引いてもほどけない結び方です。容易に結び直すことができないため、二度とそのことが繰り返されないようにという意味が込められ、結婚祝い（結婚記念日は除く）と弔事にはすべて結び切りを使用します。病気見舞いも結び切りです。ただし、地方の風習により結び方が異なる場合があります。

また、水引の先を輪にしたものは「輪結び」といい、結婚祝い用です。

「あわび結び・あわじ結び」は慶弔どちらの場合にも使え、関西でよく用いられます。

蝶結び

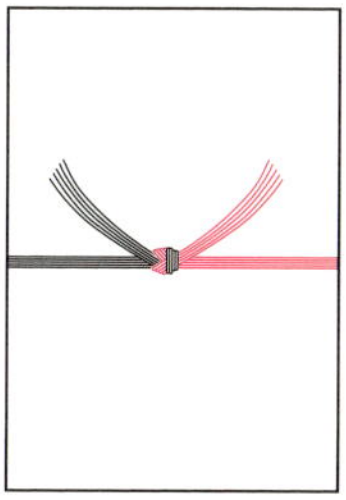
結び切り

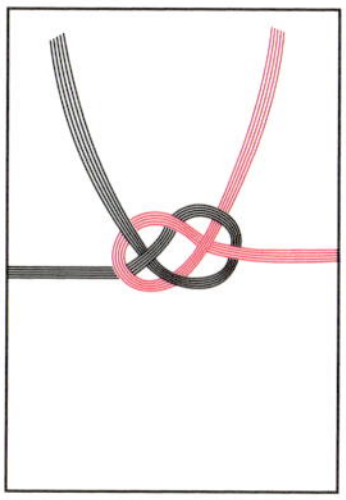
あわび結び・あわじ結び

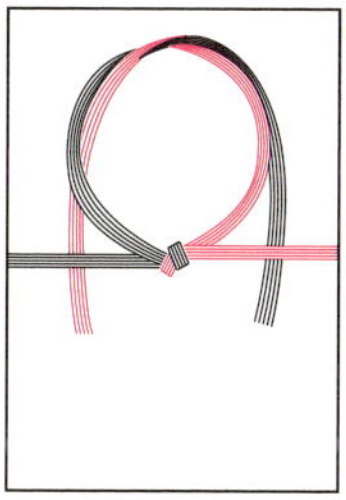
輪結び

MEMO

蝶結びと結び切りの結び方

蝶結び

①右手に濃いほうの水引がくるように持ちます。

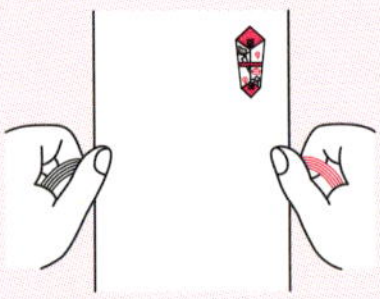

②その上に、左の淡い水引を交差させます。

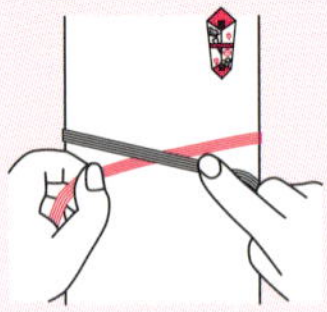

③次に結び目を指で押さえて、淡いほうの水引を下から通します。

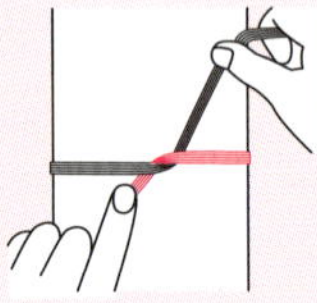

④結び目を押さえ、濃い水引の輪を作ります。

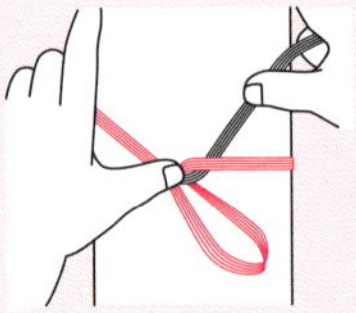

⑤さらに淡い水引を濃い水引にかぶせるようにします。

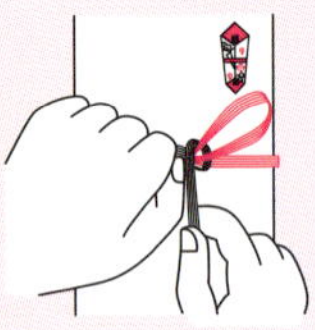

⑥淡い水引で左側に輪を作り結びます。

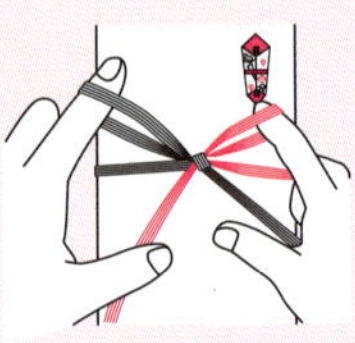

⑦その後しっかり形を整えてから余った水引を切ればできあがりです。

結び切り

①右手に濃いほうの水引がくるように持ちます。

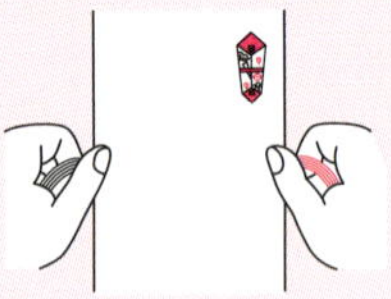

②その上に、左の淡い水引を交差させます。

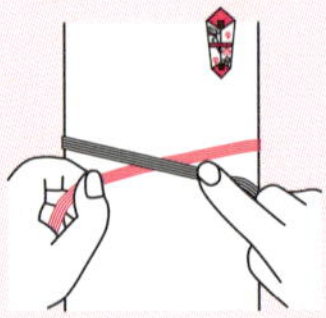

③次に結び目を指で押さえて、淡いほうの水引を下から通します。

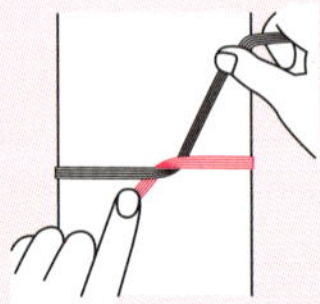

④次に図のように、もう一度淡い水引を濃い水引の下にくぐらせます。

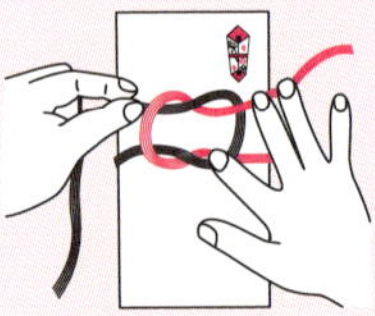

⑤きれいに結び、形を整えます。適当な長さで切りそろえて仕上げます。

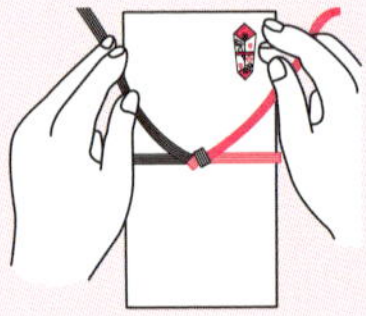

＊(輪結びの場合)⑤の後、大きな輪を作り、余った水引を円から少し出たくらいのところで切りそろえます。

のし（熨斗《のし》）

日本の贈り物のルーツは、神に生ぐさもの（魚・肉）を供えたことからはじまっています。贈り物にのしをつけるのは、その品物が穢《けが》れていないしるしとして生ぐさものを添えたのが起こりで、日本人の強い穢れのタブーに起因しています。

「のし」とは「のし鮑《あわび》」の略です。昔は、貴重な食材で不老長寿の象徴とされた鮑の身をそいで干したものを添えていました。

現在では「折りのし」（次ページ図）といって、紅白の紙を折り、その中に短冊型に切った黄色い紙片を包み込んでいますが、本来はこの黄色いものが「のし鮑」です。

慶事には生ぐさものを用いることから、のしをつけるのが祝儀の象徴となりました。また、「のし」は「引き伸ばす」の意味から、お祝い事だけでなく一般贈答にも広く使われます。逆に、弔事（仏教）では、生ぐさものを断つ、引き伸ばしたくないという意味から、のしはつけません。

なお、鮮魚や肉などの酒肴《しゅこう》類を贈る場合は、本来、生ぐさものが重複するので、のしはつけず笹の葉を敷きますが、現在では、お中元、お歳暮、内祝いなどで酒肴類を贈るときにものしをつけています。

ちなみに、簡単な贈答のときは、よく「のし」という字を書いて代用します。これは「わらびのし」といい、わらびの新芽が出たときの形に似ているので名づけられました。「ここにのしをつけています」という意味で使ったのが始まりです。

のしには、「飾りのし」「両折りのし」「片折りのし」などがあり、婚礼用の飾りのし以外は、どのようなときにどれを使用するといった決まりは特にありません。

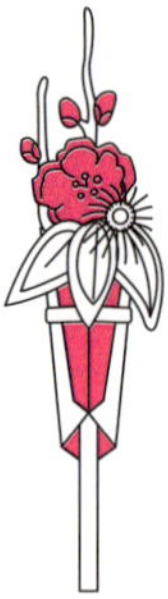
飾りのし（婚礼用）

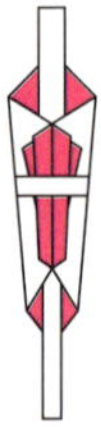
両折りのし

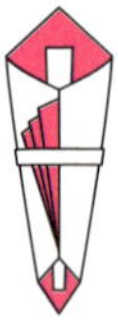
片折りのし

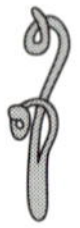
わらびのし

Q&A

Q のしを内側にかけるのはどういうときですか？

A 地域によっても異なりますが、記念品、開店のお知らせ、選挙の陣中見舞いなど、名前を広めたい場合は、包装紙の外側にのし紙をかける「上《うわ》のし」にします。それに対し、控えめにしたい場合やパーソナルに渡す場合は、包装紙の内側にかける「内《なか》のし」が一般的です。いただいたものを床の間に飾る風習があると、上のしにすることが多いようです。

群馬 持ち帰りの場合、多くは上のしです。

表《おもて》書《が》きの書《か》き方《かた》

昔は贈り物に品物と数量を記入した目録をつけるしきたりがありました。「表書き」はこの目録が変化して、包みの上に贈る目的を記すようになったものです。

表書きは、書く文字の大きさに合わせて、上からその文字一字分ほど空けて書き始め、最後の字と水引の間にも一文字分の空白ができるようにします。文字数が多く、字が水引にかかるような場合はもっと上から書き出してもかまいません。

○表《おも》書《が》きを書《か》くときの注意点《ちゅういてん》

・毛筆で書くのが正式です。万年筆、ボールペンは避けます。

・楷書が一般的です。
・弔事は悲しみの涙で薄れているという意味や、悲しみの気持ちは早く薄らいでほしいという意味から、薄墨を使います。
・**和歌山・泉州地方、三重県の一部**では慶事については朱色の墨で書く地区があります。
・上段に表書き、下段にやや小さめに氏名を書きます。
・文字は、のしや水引にかからないようにします。
・四文字の表書き（【入学御祝】【快気内祝】【還暦御祝】など）は「死文字」ともいわれ、特に**関西**では避ける傾向にあります。気になる場合は、【御入学御祝】【快気之内祝】と五文字にして、【御祝】の右肩に【御入学】を小さく書いて二行にするか、【快気】と【内祝】を二行にして二文字並びとするとよいでしょう。
・【祝】をやや大きく書き、【還暦】をやや離して書く書き方もあります。

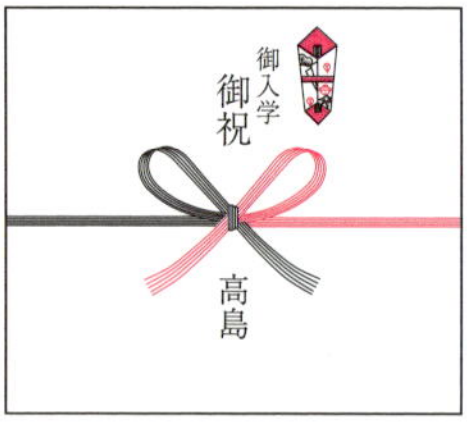

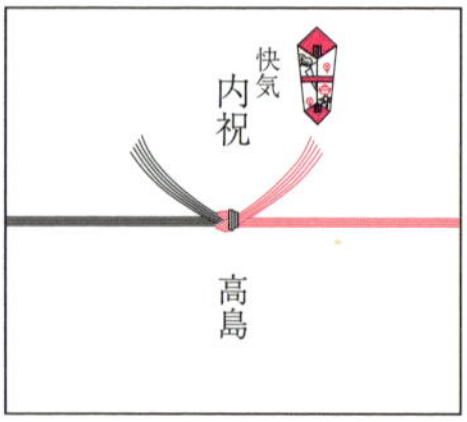

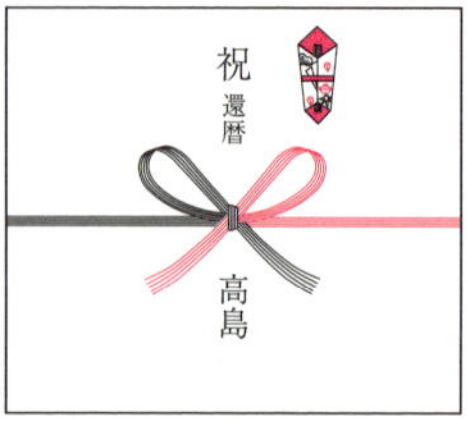

○名《な》入《い》れのしかた

個人名のみの場合

上段の表書きに対して、下段に小さめに書きます。基本的には姓のみでかまいません。

会社名・肩書き・住所なども入れる場合

名前の右側に小さめに記入します。

贈り先の宛名を入れる場合

上段左に表書きよりやや上に小さく書きます。

連名で代表者の氏名のみを入れる場合

代表者を中央に太く書き、左側に「外(他)一同」と小さく入れて、ほかの人の氏名を書いた紙を中に入れます。

連名の場合

目上の人の名前を右から左へ順に書き入れます。連名で3名程度までとします。

連名で左手に宛名を入れる場合

目上の人の名前を左から右へ順に書き入れます。連名で3名程度までとします。

贈り主が連名で多人数の場合

会社名、部署名、グループ名など「○○一同」と書きます。「有志一同」と書く場合は全員の氏名を書いた紙を中に入れます。

名刺を貼るよう依頼された場合

名刺を貼る場合はあくまで略式です。左下に貼るのが一般的です（名入れ部分に貼る場合もあります）。

歴代の年忌《ねんき》法要をまとめて施行する場合

右上に、亡くなられた順に右から左へ書きます。

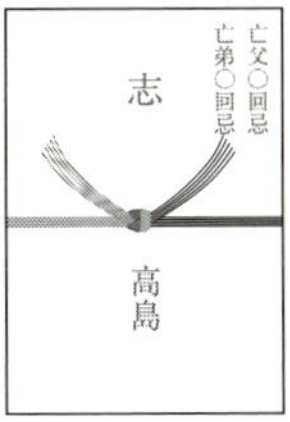

MEMO

祝《しゅう》儀《ぎ》袋《ぶくろ》と不《ぶ》祝《しゅう》儀《ぎ》袋《ぶくろ》

祝儀と不祝儀では、表す気持ちが逆です。袋のたたみ方やお金の入れ方にはそれぞれの気持ちを表す約束事があるので、注意が必要です。

祝儀袋…お札の人物が描かれている表を正面にして、中袋に入れます。袋は下から上へたたみます。

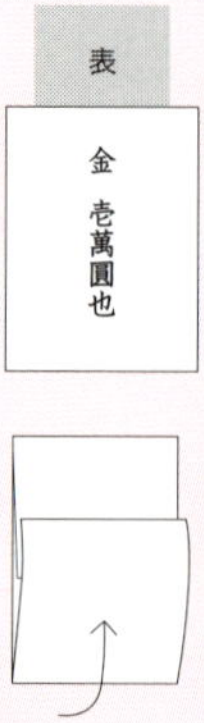

不祝儀袋…お札の人物が描かれていない裏を正面にして、中袋に入れます。袋は上から下へたたみます。

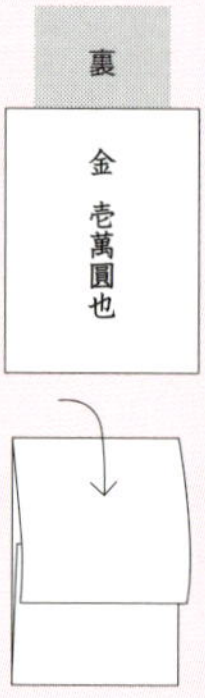

●お札の用意

結婚祝いの場合、お札の枚数が偶数となって割り切れないよう心がけます。たとえば、ご祝儀に2万円包む場合、1万円札を2枚ではなく、「1万円札1枚＋5千円札2枚」とします。

また、祝儀の場合、お札は新札を用意しましょう。不祝儀の場合は、「突然のことで新札を用意する余裕がなかった」という意味から、古いお札または新札に折り目をつけて包むのがマナーとされています（ただし、古いお札とはいえ、あまり汚くないものを用意）。

●金額の書き方

中袋に金額を記す際は、「金○○圓也」とし、数字は、「大字《だいじ》」と呼ばれる漢数字を使います。

1→壱　2→弐　3→参　4→四　5→五　6→六
7→七　8→八　9→九
10→壱拾　100→壱百　1000→壱阡　10000→壱萬

目録《もくろく》

目録を添える場合、目録の上包みの表書きには、贈り主の姓名は書きません。表書きの言葉は慶事の場合、【目録】【御祝】【寿】など。宛名と差出人名は目録の中に書きます。

○慶事《けいじ》

慶事では、奉書をふたつ折りにして、折り山を下にします。これは喜び事がこぼれないよう受け止めるためです。さらに左右を三つ折りにして右側が上になるようにします。書き終わった目録は、奉書で包み、表書きは【目録】【寿】などと書きます。

○弔事《ちょうじ》

弔事では、奉書をふたつ折りにして、折り山を上にします。これは悲しみを流すという意味からです。さらに左右を三つ折りにして左側が上になるようにします。

贈《ぞう》答《とう》品《ひん》の選《えら》び方《かた》

贈り物を選ぶときには、相手との関係、目的、季節、相手の年齢、家庭の状況などを考慮しなければなりません。贈答には、物質的な価値よりもむしろ誠意が重んじられますので、身分不相応なものを贈ると押しつけとなり、相手の自尊心を傷つけることにもなります。

贈《ぞう》答《とう》品《ひん》の数《かず》

数に関する縁起では、吉の数は三、五、七のほかに八が末広がりとして喜ばれます。凶の数は四、九で、「死苦」に通じる数として嫌われます。外国では十三が凶数です。ただし、ビールのようにダース単位で贈られるものや、コップや夫婦茶碗などペアのものは偶数でも慶事に用います。弔事は「箱が重なると不幸が重なる」という意味を避けるため1点にするほうが望ましいといえます。

贈《ぞう》答《とう》品《ひん》の渡《わた》し方《かた》

結納や結婚祝い、内祝い、出産祝いなどのあらゆる慶事、および弔事で贈り物や金封を渡す際には、風呂敷や袱紗《ふくさ》を使うことが丁寧な贈答形式とされています。これはもともとは、江戸時代初期に、贈り物に埃《ほこり》がかぶらないようにという配慮と、尊厳を加えるために使用されたことからきています。

◯風《ふ》呂《ろ》敷《しき》と紙《かみ》袋《ぶくろ》

品物は、風呂敷に包んで持参するのが正式なマナーです。挨拶の際は自分の右側に置いておき、挨拶が済んだら、包みをほどいて、品物の正面を相手に向け、すべらせるように静かに押して差し出します。風呂敷はたたんで下座に置きます。

お店の紙袋などに入れたまま品物をお渡しするのは失礼にあたります。紙袋を使用するのは持ち運びのときのみにし、手渡すときは袋から取り出し、品物の正面を相手に向けて、差し出します。

○袱《ふく》紗《さ》の使い方

慶事の場合

①袱紗の爪を右にして置き、祝儀袋を左に置きます。

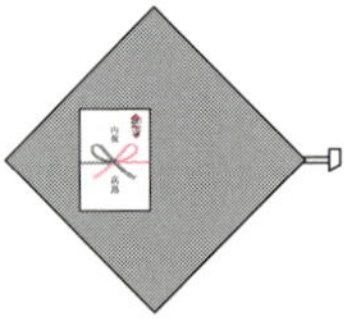

②最初に袱紗の左側を折ります。

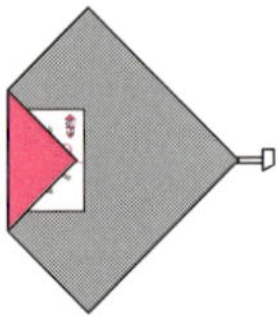

③次に袱紗の上を折り、下を折り返します。

④最後に右側をかぶせて袱紗の爪をきちんと留めます。爪のないものも同様にしてしっかり包みます。

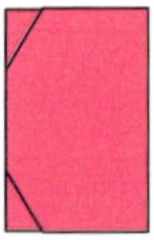

弔事の場合

①袱紗の爪を左にして置き、不祝儀袋を右に置きます。

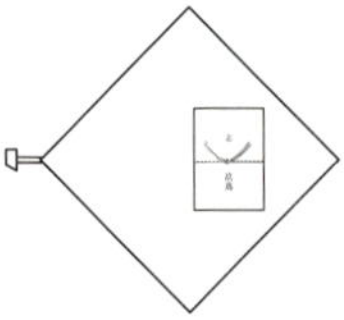

②最初に袱紗の右側を折ります。

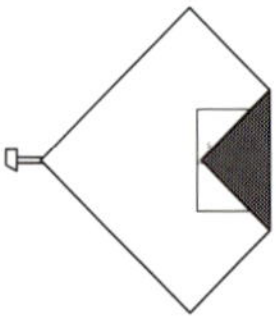

③次に袱紗の下を折り、上を折り返します

④最後に左側をかぶせて袱紗の爪をきちんと留めます。爪のないものも同様にしてしっかり包みます。

祝儀袋や不祝儀袋を、ポケットやハンドバッグからじかに出して手渡すのは略式で、正式には袱紗に包んで持参します。慶事には明るい色のものを、弔事には暗い色のもの

を用い、紫は慶事・弔事どちらにも使えます。

袱紗は、右の図のように慶事と弔事ではたたみ方が異なります。慶事の場合は、まず左を折り、次に上、下、最後に右を重ねます。弔事の場合はこの逆です。上下の重なりも逆になり、折り返しが上向きのときは喜びを、下向きのときは悲しみを表しています。

お返《かえ》しと内《うち》祝《いわ》い

「お返し」は、いただきものをしたお礼です。

一方、「内祝い」は本来、お祝いやお見舞いのお返しだけを意味するものではなく、自らの喜びを分かち合いたいときにも、内祝いとして贈ることや、その品をさします。

○お返《かえ》しの金《きん》額《がく》の目《め》安《やす》

慶事のお返し…いただいた金額の半額程度が一般的です。
弔事のお返し…3分の1から半額程度のものを返すのが一般的です。

一般贈答のお返し

・目上の人へのお返し…どんな場合でも、いただいた額より多く返すのは失礼にあたります。

・目下の人へのお返し…いただいた金額と同程度のものを返すといわれていましたが、現在は半額程度が一般的です。

病気見舞いのお返し…3分の1から半額程度のものを返すのが一般的です。

○お返《かえ》しを必要《ひつよう》としない場合《ばあい》

・身内のお祝い事などで祝宴に招いた場合。

・風水害や火事などでお見舞いをいただいた場合。

・慰問・慰労のいただきものをした場合。

・頼まれごとに尽力をしたり、お金を用立てて感謝のお礼をいただいた場合。

・企業や団体から慶弔の贈り物をいただいた場合。

・形見分けをいただいた場合。

＊ただし、いずれの場合でも品物でお礼をしないだけで、礼状を差し上げるなど、適切な方法で感謝の気持ちを表現するのが一般的です。

忌《い》み言《こと》葉《ば》

慶事や弔事の席で、また挨拶状などで、避けるべき忌み言葉があります。昔から、「替え言葉」があるものは言い替えたり、ないものは使わないように心がけてきました。

結婚の忌み言葉…出す／出る／去る／別れる／切る／切れる／終わる／離れる／帰す／帰る／追う／追われる／返す／返る／浅い／冷える／飽きる／嫌う／薄い／戻る／破る／あせる／退く／滅びる／去年／思い切って／折り返し／出席／特別／別便／別封／返事／返却／返送／帰宅／帰郷／帰京／病気／暇／死／四／九／涙／憂

重ね重ね、ますます、いよいよ、再び、皆々様などの重ね言葉

出産の忌み言葉…死／四／流れる／落ちる／くずれる／滅びる／逝く／破れる／薄い／浅い／枯れる

長寿の忌み言葉…死／四／病／枯れる／終わる／倒れる／参る

入学・入社の忌み言葉…やめる／落ちる／終わる／中止／変更

新築の忌み言葉…火／倒れる／散る／傾く／煙／焼ける／燃える／崩れる／つぶれる／飛ぶ／流れる／赤／紅／緋／するめ

開店の忌み言葉…失う／破れる／閉じる／つぶれる／落ちる／しまう／する／枯れる／さびれる／あわれ

災害や弔事の忌み言葉…また、再三、なお、重ねて、細々、追って、次々、かえすがえす、かつ、しみじみ、しばしば、くれぐれなどの重ね言葉

贈り物で使用しない言葉（↓以降は替え言葉）…終わる↓開く・披《ひら》く／切る↓はやす／打つ↓なでる／なく↓塩《しお》たれる／血↓赤汁《あかじる》／肉↓草《くさ》びら／病↓休《やす》み／死↓直《なお》る／穴↓園《その》／暮↓土《つち》くれ／僧↓髪長《かみなが》／尼↓女髪長《おんなかみなが》／経↓そめ紙《かみ》／寺院↓かわらぶき／堂↓香《こう》たき／葬儀↓吉事《きちじ》

言葉の音が不吉な言葉（↓以降は替え言葉）…四＝死に通じるため↓ヨン／塩＝死の音

が含まれるため↓浪の花／醤油＝死の音が含まれるため↓むらさき／するめ＝「すり減らす」に通じることから↓あたりめ／すり鉢＝「すり減らす」に通じることから↓あたり鉢／すずり箱＝「すり減らす」に通じることから↓あたり箱／顔をする（そる）＝「すり減らす」に通じることから↓顔をあたる／梨＝「無し」を連想させることから↓ありの実／猿＝「去る」を連想させることから↓えて／葦《あし》＝「悪し」に通じることから↓よし

Q&A

Q 結婚式と葬儀が重なった場合はどうすればよいですか？

A 葬儀や告別式は故人との最後の別れとなるため、慶事より弔事を優先します。身内で慶事と不幸が重なった場合は、慶事は喪が明けるまで延期するのが一般的です。

MEMO

お祝い・香典などの金額の目安

お祝い事や不祝儀などでいくら包むかというのは、相手との関係性やつきあいの深さ、会場の格や規模といったものによりますが、ここでは、全国の20〜69歳の男女1000人を対象としたアンケートから最多回答額を紹介します。目安として活用してください。

○結婚祝い

	披露宴に出席する場合	披露宴に出席しない場合
近親の親戚	5万円	1万円
同僚	3万円	1万円
部下	3万円	1万円

○香典

近親の親戚	1万円
友人・知人	5千円
会社の人	5千円
近所の人	5千円

○その他のお祝い事・お見舞い

出産祝い	1万円
入学祝い	1万円
卒業・就職祝い	1万円
誕生日祝い	1万円
お年賀	3千円
お年玉	5千円
お中元・お歳暮	5千円
新築祝い	1万円
旅行の餞別	5千円
病気のお見舞い	1万円
お供物料	5千円

出典：第一生命経済研究所「わが家のおつきあい調査」

 ＊索引は255ページからはじまります。

に

ね

の

は

ひ

ち

つ

て

と

な

す

せ

そ

た

し

く

け

こ

さ

か

き

五十音順 索引

＊ページが複数ある場合、色のついた数字のページで、特に詳しく説明しています。

髙島屋のしきたり事典

老舗百貨店の門外不出「贈答・おつきあい」教本

取材協力／
一般社団法人日本フォーマル協会
佐々木悦子（一般社団法人日本エンディングサポート協会）
株式会社第一生命経済研究所

参考文献／
『ギフトアドバイザー基礎講座』（日本百貨店協会発行）

ブックデザイン／岡本洋平＋島田美雪（岡本デザイン室）
イラスト／石坂しづか
校正／小学館出版クォリティーセンター、
小学館クリエイティブ
編集／佐藤雅美、杉浦宏依

二〇一五年 四月 六日 初版第一刷発行
二〇二一年十二月十八日 初版第六刷発行

著者 株式会社髙島屋
発行者 下山明子
発行所 株式会社小学館
〒一〇一-八〇〇一 東京都千代田区一ツ橋二-三-一
電話（編集）〇三-三二三〇-五六五一
（販売）〇三-五二八一-三五五五
印刷所 共同印刷株式会社
製本所 株式会社若林製本工場

ISBN 978-4-09-310830-0